KURZE EINFÜHRUNGEN
IN DIE GERMANISTISCHE LINGUISTIK

Band 17

Herausgegeben von
Jörg Meibauer
und
Markus Steinbach

SONJA MÜLLER

Modalpartikeln

Universitätsverlag
WINTER
Heidelberg

Bibliografische Information der Deutschen Nationalbibliothek
Die Deutsche Nationalbibliothek verzeichnet diese Publikation
in der Deutschen Nationalbibliografie;
detaillierte bibliografische Daten sind im Internet
über *http://dnb.d-nb.de* abrufbar.

UMSCHLAGBILD
Variationen on a fabric texture
© 2014 Billy Frank Alexander

ISBN 978-3-8253-6365-9

© 2014 Universitätsverlag Winter GmbH Heidelberg
Imprimé en Allemagne · Printed in Germany
Druck: Memminger MedienCentrum, 87700 Memmingen

Gedruckt auf umweltfreundlichem, chlorfrei gebleichtem
und alterungsbeständigem Papier

Den Verlag erreichen Sie im Internet unter:
www.winter-verlag.de

www.kegli-online.de

Vorwort

Ich möchte mich herzlich bei Markus Steinbach für seinen Vorschlag und seine Einladung zu einem KEGLI zum Thema *Modalpartikeln* bedanken sowie bei Jörg Meibauer für seine konstruktiven Kommentare zum Manuskript.

Ich hoffe, meine LeserInnen ebenso sehr dafür begeistern zu können, wie viele linguistische Fragestellungen mit diesen kleinen und unscheinbaren Wörtern zusammenhängen und die Forschung seit Jahrzehnten beschäftigen.

Bielefeld, den 20.03.2014   Sonja Müller

Inhaltsverzeichnis

1. Einleitung

1.1 Das Inventar

Gegenstand dieses Buches sind unscheinbare Wörtchen, wie etwa *ja*, *doch*, *schon*, *auch* in Verwendungen wie in (1).

(1) a. Bis Juni gibt es **ja** noch das Angebot für 450 Euro pro Flug.
   b. Im Juni ist **doch** noch Semester. Da kann ich nicht in den Urlaub fahren.
   c. New York ist **schon** interessant, aber 1000 Euro allein für den Flug ausgeben?
   d. A: Die Flüge sind wirklich arg teuer.
   B: Na, du hast **auch** in der Ferienzeit geguckt. Das wundert mich nicht.

Sie gehören der Wortart der **Modalpartikeln** (MPn) an. Andere Bezeichnungen sind *Abtönungspartikeln*, *modale Partikeln*, *Satzpartikeln*, *Existimatoren* oder *Einstellungspartikeln* (vgl. Diewald 2007: 118). Die Termini variieren je nach Autor ein wenig, *Modalpartikeln* und *Abtönungspartikeln* sind am gängigsten. Wie viele und welche Wörter genau zu den MPn gezählt werden, ist von Autor zu Autor ebenfalls ein wenig unterschiedlich. Zifonun et al. (1997: 1209) zählen die folgenden Wörter zu dieser Klasse:

(2) *aber, auch, bloß, denn, doch, eben, etwa, halt, ja, mal, man, nicht, nur, schon, vielleicht, wohl, eh, eigentlich, einfach, erst, ruhig, überhaupt*

Einige weitere Beispiele zeigen (3) bis (6).

(3) Wer soll **nur** diese Chinesen stoppen? Zum vierten Mal in Folge holten sich die Asiaten bei der Turn-WM in Tianjin den Mannschaftstitel.
(Rhein-Zeitung 14.10.1999)

(4) Ja, ach Gott na, hören sie, Bootchen fahren! Überhaupt auf dem schönen Schloßteich! Das war **vielleicht** ein Erlebnis! Da bin ich auch einmal reingekippt. (ZW--_E_02247_SE_01_T_01) (Zwirner-Korpus)

(5) Und wie das Mädchen **erst** futtert! Ein wahres Wunder an naturbelassener Kreatürlichkeit. (Zürcher Tagesanzeiger, 20.04.2000)

(6) der verletzt sich nämlich glei [...] un der hat **eh** kein stammplatz
(FOLK_E_00021_SE_01_T_01) (FOLK-Korpus)

In einzelnen Arbeiten werden auch weitere Wörter der Klasse der MPn zugeordnet, z.B. die Elemente in (7) in Burkhardt (2001: 56) mit Auftretensweisen wie in (8) bis (10).

(7) *schließlich, schlicht, irgendwie, natürlich, allerdings, freilich, dabei, immerhin, nämlich, zufällig, langsam, gleich, hübsch, übrigens, so, sowieso, gefälligst, fein, jetzt*

(8) Das stimmt, wir reden hier wirklich sehr lange über das Thema Armut. Deshalb haben wir auch gesagt, wir müssen **langsam** mal handeln!
     (Protokoll der Sitzung des Parlaments
     Landtag des Saarlandes am 15.09.2010)

(9) „Ich will zu meiner Freundin!" „O Gott, Hannes", flüsterte Katinka. Hardo drehte sich abrupt um und lief den Gang entlang auf die Saaltür zu. „Sie bleiben **hübsch** draußen!", sagte er.
     (Friederike Schmöe: Spinnefeind [Kriminalroman])

(10) Die Transmutationslehre oder wie immer sie **jetzt** damals genannt wurde, wurde damals allseits diskutiert, aber nicht ernst genommen.
     (Wikipedia-Diskussionen, Charles Darwin)

In Pittner (2009) wird dafür argumentiert, auch *wieder* in Fragen als MP anzusehen.

(11) Und wie viel hilft es doch im Alltäglichen! Wo sind **wieder** die Hausschuhe? Hatte ich meinen Schlüsselbund nicht an seinem Platz? Es war doch immer hier ein Stift am Telefon!
     (Mannheimer Morgen, 21.02.2009)

Zu den MPn gehört in (2) auch *man*, das wie in (12) verwendet wird.

(12) a. Laß **man** sein!
     b. Das wollen wir **man** (ruhig/lieber) bleiben lassen.
     c. Wenn das **man** klappt!   (Blume 1988: 175/175/176)

Es handelt sich hierbei um eine regional verwendete MP, die als Norddeutsch gilt (vgl. Blume 1988). Auch andere MPn sind auf den regionalen Gebrauch beschränkt. Die MP *fei* tritt z.B. im Bairischen auf (vgl. Klotz 2003) und ist in großen Teilen des deutschsprachigen Raumes ansonsten unbekannt.

(13) Die Mama am Kopfende der langen Familientafel hat alles im Blick. Mit klaren Orders instruiert sie die Gesellschaft von jung und alt: „Michi, eß **fei** nu an Wirsching, dou is **fei** nu a Wirsching!"
     (Nürnberger Nachrichten, 28.10.1996)

(14) „Ist hier noch frei?", fragst du ergeben. „Eigndlich scho", sagt Frauchen. „Aber mei Hergules verträchd es **fei** überhaubds net, wenn andre Leud mid im Abteil hoggn."   (Nürnberger Nachrichten, 23.02.1998)

Zu *halt* und *eben* gibt es auch ältere Untersuchungen, die zeigen, dass es hier einmal regionale Unterschiede in der Verwendung gab, mit *eben* Nord- und (weitestgehend) Ostdeutsch und *halt* Süd- und Westdeutsch. Während *eben* schon länger auch in Süd-/Westdeutschland bekannt war, hat *halt* wohl erst seit den 80er Jahren Eingang in den Sprachgebrauch in Nord und (noch später) Ost (hier vermehrt erst nach der ‚Wende') gefunden (vgl. Eichhoff 1978: 103, Dittmar 2000, Elspass 2005: 51).

MPn sind vornehmlich ein Phänomen der gesprochenen (Umgangs)sprache beziehungsweise treten vor allem da auf, wo diese auch im geschriebenen Medium widergespiegel/simuliert/suggeriert werden soll. Wenn man in diesen Kontexten die MPn entfernt, führt dies zu recht merkwürdiger, nämlich sehr ‚hölzern' wirkender, Kommunikation. Im fiktionalen Dialog in (15) treten zahlreiche MPn auf (vgl. Franck 1980: 18f.).

(15)   Karl Valentin und Liesl Karlstadt (Valentin 1961: 88)

Z1 Männerstimme:	Klara! Ich finde meine Brille nicht. Weisst du, wo meine Brille ist?
Z3 Frauenstimme:	In der Küche hab ich sie gestern liegen sehen.
Z4 Männerstimme:	Was heisst gestern! Vor einer Stunde habe ich **doch** noch gelesen damit.
Z6 Frauenstimme:	Das kann **schon** sein, aber gestern ist die Brille in der Küche gelegen.
Z8 Männerstimme:	So red **doch** keinen solchen unreinen Mist, was nützt mich **denn** das, wenn die Brille gestern in der Küche gelegen ist!
Z11 Frauenstimme:	Ich sag dirs **doch** nur, weil du sie schon ein paarmal in der Küche hast liegen lassen.
Z13 Männerstimme:	Ein paarmal! – Die habe ich schon öfters liegen lassen, – wo sie jetzt liegt, das will ich wissen!
Z15 Frauenstimme:	Ja, wo sie jetzt liegt, das weiss ich auch nicht; irgendwo wirds **schon** liegen.
Z17 Männerstimme:	Irgendwo! Freilich liegts irgendwo – aber wo – wo ist **denn** irgendwo?
Z19 Frauenstimme:	Irgendwo? Das weiss ich auch nicht – dann liegts **halt** woanders!
Z21 Männerstimme:	Woanders! – Woanders ist **doch** irgendwo. […]

Wir können einmal das Experiment machen und uns in diesem Dialog die MPn wegdenken (vgl. Franck 1980: 18f.). Das simulierte Gespräch büßt dadurch einiges an Lebendigkeit und Natürlichkeit ein.

1.2 Was ist *modal* an MPn?

Wir werden uns mit der eigentlichen Leistung der MPn in diesem Buch noch genauer auseinander setzen. Einige erste Überlegungen wollen wir an dieser Stelle aber bereits anstellen, indem wir uns fragen, warum man bei diesen Wörtern überhaupt von *Modal*partikeln beziehungsweise *Abtönungs*partikeln spricht. Das heißt, kurz gefragt: Was ist an ihnen überhaupt *modal* oder was wird durch sie *abgetönt*?

Eine Ansicht zum Beitrag der MPn ist, dass sie die **Einstellung des Sprechers** zum ausgedrückten Sachverhalt kodieren. Im Dialog oben drückt der Sprecher in Zeile 4 beispielsweise aus, dass er annimmt, dass seine Frau (aktuell) im Gegensatz zu ihm nicht davon ausgeht, dass er vor einer Stunde noch mit der Brille gelesen hat. In Zeile 16 vermittelt die Sprecherin unter Verwendung von *schon* die Zuversicht, dass die Brille irgendwo ist. Mit *halt* bringt sie in Zeile 20 zum Ausdruck, dass sie es für plausibel hält, dass die Brille woanders liegt als in der Küche beziehungsweise als „irgendwo".

Die Sprechereinstellung wird in der Literatur als *ein* Typ von **Modalität** verstanden. Modalität allgemein wird aufgefasst als semantisch-pragmatische Kategorie, die sich darauf bezieht, wie ein Sprecher zur Geltung des in einer Äußerung ausgedrückten Sachverhalts Stellung nimmt (vgl. Glück 2000: 446). Andere Ausdrucksmittel der Modalität sind z.B. **Modalverben** (vgl. (16)), bestimmte **Matrixprädikate** (vgl. (17)) sowie **Satzadverbien** (vgl. (18)).

(16) Die Nachbarn sollen/können den Hausflur putzen.

(17) a. Astrid weiß, dass es im Thalys sehr eng ist.
      b. Anika wünscht sich, dass immer Karneval ist.
      c. Eike bedauert, dass die Heizung nicht richtig funktioniert.

(18) Leider/glücklicherweise/wahrscheinlich kommt der Heizungsinstallateur am frühen Samstagmorgen.

Zwischen der in (16) bis (18) jeweils ausgedrückten Modalität gibt es weitere Unterschiede, weshalb man sie klassifiziert als Ausdruck von a) **Möglichkeit/Notwendigkeit** in (16), b) **propositionalen Einstellungen** in (17) und c) **Einstellungen** in (18) (vgl. Meibauer 2001: 76f.). Unter c) fallen hierbei auch die MPn. Der relevante Punkt ist für uns an dieser Stelle, dass über MPn gesagt wird, dass sie Sprechereinstellungen kodieren, so dass sie in diesem Sinne unter das Konzept der Modalität fallen. Vor diesem Hintergrund scheint dann auch die Bezeichnung *Modal*partikel gerechtfertigt.

Die Bezeichnung *Abtönungs*partikel hebt auf einen anderen Aspekt ab. Hinter der Wahl dieses Terminus steckt die Idee, dass MPn in Äußerungen zu deren Nuancierung beitragen. Auch schon in sehr alten Arbeiten ist die Rede von „Schattierung" und „Pinselausdrücken des Gedankens" (Wezel 1781: 191f., vgl. Burkhardt 1995: 173). Dies meint, dass MPn den kommunikativen Sinn einer Äußerung differenzieren (vgl. Zifonun et al. 1997: 1207). Vergleichen wir beispielsweise die Äußerungen in (19), handelt es sich bei (19a) um eine neutrale Aufforderung. Die Sprecherabsicht lässt sich erfassen als ‚ich will, daß du p tust' (Zifonun et al. 1997: 1218). Die Partikel *bloß* scheint diese neutrale Aufforderung nun zu verstärken (‚Ich will im Augenblick weiter nichts, als daß du p tust (weil p **mir** besonders wichtig ist).' [Zifonun et al. 1997: 1218]), während *nur* sie anders abschwächt (‚Ich will weiter nichts, als daß du p tust (was **du** ohnehin vorhast).' [Zifonun et al. 1997: 1218]).

(19) a. Lass das Ø sein!
    b. Lass das **bloß** sein!
    c. Lass das **nur** sein!

Wir sehen an diesem Beispiel, dass MPn Äußerungen in dem Sinne modifizieren können, als dass je nach auftretender MP verschiedene Erwartungen auf Seiten des Sprechers vorliegen. Hierbei handelt es sich aber um Nuancen, denn Aufforderungen sind es schließlich in allen drei Fällen. Der hier betrachtete Fall zeigt auch auf, dass diese Nuancierung oder ‚Färbung' durch MPn nicht stets abschwächend sein muss. Dies ist eigentlich das, was man in der Farbindustrie unter *Abtönung* versteht. Verwendet man Farbe zur Abtönung, mischt man sie in weiße Farbe und das Resultat ist heller, als wenn man sie als Volltonfarbe verwenden würde. Das heißt, die Bezeichnung *Abtönung* ist an sich nur bedingt passend.

1.3 MPn in anderen Sprachen

Wie in Abschnitt 1.1 angeführt, variiert die genaue Annahme über das Inventar je nach Autor etwas. Es besteht allerdings unmissverständlich Einigkeit darüber, dass es im Deutschen überhaupt die Kategorie der MPn gibt. Es gibt aber andere Sprachen, für die diese Wortart nicht angenommen wird. MPn treten demnach vor allem in festlandgermanischen Sprachen auf, wie Dänisch, Niederländisch, Friesisch, Schwedisch, Luxemburgisch. (20) bis (22) zeigen einige Beispiele.

(20) **Luxemburgisch**
Komm, heen ass **dach** cool, ech hunn heen emmer witzeg fonnt.
komm er ist MP *cool, ich habe ihn immer witzig gefunden*
‚Komm, er ist **doch** cool, ich habe ihn immer witzig gefunden.'
(Krummes 2009: 15)

(21) **Niederländisch**
Kun je me **soms** helpen?
Kannst du mir MP *helfen*
‚Kannst du mir **vielleicht** helfen?' (Vismans 1994: 27)

(22) **Schwedisch**
Det är **helt enkelt** omöjligt.
das ist MP *unmöglich*
‚Das ist **einfach** unmöglich.' (Heinrichs 1981: 224)

Dazu werden auch slavische Sprachen (z.B. Polnisch oder Kroatisch), Griechisch und Japanisch genannt. Für das Englische und auch für die romanischen Sprachen (wie Französisch, Italienisch, Spanisch, Portugiesisch) wird angenomen, dass sie keine oder auf jeden Fall deutlich weniger MPn aufweisen als das Deutsche.

Aus diesen Verhältnissen ergeben sich zwei Fragen: 1) Können Sprachen, die keine MPn (in dem Ausmaß) wie das Deutsche aufweisen, die Funktion(en), die MPn erfüllen, nicht ausdrücken? 2) (Wie) übersetzen partikelärmere Sprachen die deutschen MPn? Wir beschäftigen uns zunächst mit der zweiten Frage, indem wir parallele Übersetzungen des gleichen deutschen Textes (Ausschnitte aus Hugo von Hofmannsthals *Der Schwierige*) im Französischen, Englischen und Italienischen anschauen (vgl. Burkhardt 1995: 188). In dem deutschen Text in (23) tritt dreimal *halt* auf.

(23) Ja, wir leben **halt** nicht nur wie die gewissen Fliegen vom Morgen bis zur Nacht. Wir sind **halt** am nächsten Tag auch noch da. Das paßt euch **halt** schlecht, solchen wie du einer bist.

In der französischen Übersetzung in (24) wird dieser Beitrag jeweils mit der Konjunktion *mais* (*aber*), dem Adverb *justement* (*in der Tat*) beziehungsweise der syntaktischen Konstruktion *c'est bien ce qui* wiedergegeben.

(24) Oui, **mais** nous ne vivons pas comme certaines mouches qui
Ja, aber wir nicht leben nicht wie einige Fliegen, die
naissent un matin pour mourir le soir.
geboren werden einen Morgen um sterben den Abend.
Le jour suivant, **justement**, nous sommes encore là.
Der Tag nächsten, in der Tat, wir sind immer noch hier.
C'est bien ce qui dérange des gens tels que toi.
Dies ist, was stört die Menschen so wie dich.

In der italienischen Version in (25) wird nur eines der drei *halt*-Vorkommen übersetzt, und zwar ebenfalls durch die adversative Konjunktion *ma* (*aber*).

(25) Sì, **ma** noi non viviamo come certe mosche dal   mattino
     Ja, aber wir nicht leben   wie   einige Fliegen von-dem Morgen
     alla   sera.   Noi ci siamo anche il   giorno dopo.   E   questo
     bis-dem Abend. Wir da sind   auch den Tag   nächsten. Und dies
     non torna   comodo a gente come te.
     nicht kommt gelegen an Leute wie   dich

In der englischen Übersetzung in (26) wird das erste *halt* durch das Adverb *simply* (*einfach*) wiedergegeben, das dritte *halt* durch *of course* (*natürlich*).

(26) Oh, we're not **simply** like those midges that live only from sunrise to sunset. We're still there next day. That doesn't suit you, **of course**, a man of your kind.

Wir sehen also, dass der Aufgriff des deutschen *halt* geschehen kann durch syntaktische Konstruktionen, Konjunktionen oder Adverbien beziehungsweise, dass die MP unberücksichtigt bleiben kann.

Betrachtet man andere MPn, zeigt sich, dass es weitere Möglichkeiten der sprachlichen Realisierung gibt. Über *then* und *donc* sagt man z.b., dass sie dem MP-Status sehr nahe kommen.

(27) Was bist **denn** du?
(28) a. What are you **then**?
     b. Qu'est-tu **donc**?   (Burkhardt 1995: 190)

Um die Effekte der MPn aufzufangen, können aber z.B. auch Hauptsätze eingefügt (vgl. (29)) oder Umschreibungen mit *do* gewählt werden (vgl. (30)).

(29) a. Er wird **doch** mehrere Häuser haben?
     b. **I suppose**, he has more than one house?
(30) a. So bleibts **doch** hier, so gebts mir **doch** einen Rat, so sagts **doch**, was ich tun soll.
     b. **Do** stay with me, **do** give me some advice, **do** tell me what I'm to do.
                                                     (Burkhardt 1995: 191/193)

Im Italienischen scheint eine besondere syntaktische Konstruktion, die **Rechtsversetzung**, geeignet, das deutsche *doch* zu übersetzen. In (31b) tritt zunächst das Pronomen *la* auf, bevor die volle NP *questa parola colazione* eingeführt wird, die sich auf dieses Pronomen bezieht.

(31) a. [...] aber irgendwo, in irgendeinem Lesestück, oder zu Hause, muß er **doch** das Wort Frühstück einmal gehört haben [...]

b. […] ma   da qualche parte, in qualche   brano di lettura,
   aber irgendwo   in irgendeinem Lesestück,
o   a casa,   deve   pure aver**la**   sentita almeno   una volta
   oder zu Hause, muss.er auch haben-sie gehört mindestens ein Mal
   questa parola colazione […]
   dieses Wort Frühstück   (Waltereit 1999: 527)

Und schließlich gibt es auch die Annahme, dass Intonationskonturen z.b. im Englischen eine ähnliche Wirkung hervorrufen können wie MPn. In (32) und (33) zeigt / einen steigenden Tonhöhenverlauf an, \ einen fallenden.

(32) a. Was geht **denn** das mich an?
      b. /What's that got to do with \us?

(33) a. Fahren Sie **nur** weiter.
      b. \Go /on.   (Waltereit 2006: 130), nach (Schubiger 1972: 187/190)

Bei all diesen Suchen nach sprachlichen Äquivalenten für die MPn im Deutschen ist dabei natürlich immer die Frage, wieviel des Beitrags der deutschen MPn bei einer Übersetzung tatsächlich in die jeweilige Sprache übernommen wird (vgl. Burkhardt 1995: 196f.). Diese Bedenken außen vor gelassen, sehen wir, dass andere Sprachen gegebenenfalls andere Mittel einsetzen, um den Beitrag, den im Deutschen die MPn liefern, zu kodieren. Waltereit (1999, 2001, 2006) nimmt (deshalb) an, dass MPn zwar eine Spezialität des Deutschen sind, dass die Funktion, für die sie stehen, aber nicht auf das Deutsche beschränkt ist. Er spricht bei *Abtönung* (sein Terminus, der – wie wir gesehen haben – ungeeignet ist) von einem **universalpragmatischen Phänomen**. MPn sind in diesem Sinne nur *ein* sprachliches Mittel, um diese Bedeutung zu kodieren. Wenn man annehmen möchte, dass die Funktion von MPn nicht auf bestimmte Sprachen beschränkt ist, muss man natürlich ein passendes Konzept vorlegen, um diese Funktion zu erfassen. In Waltereit (1999), (2001), (2006) wird dazu ein Vorschlag ausgearbeitet.

Grundbegriffe: Modalpartikeln, Abtönungspartikeln, Modalität, Sprechereinstellung, universalpragmatisches Phänomen

Weiterführende Literatur: Mit Fragen zum Zusammenspiel von MPn und Textsorten beschäftigt sich z.B. Rudolph (1991). Abraham (1991) formuliert eine Hypothese zur Beschränkung des Auftretens von MPn auf bestimmte Sprachen. Für weitere Beispiele zu Äquivalenten zu MPn in anderen Sprachen lohnt ein Blick in die im Text angeführte Literatur, vor allem Burkhardt (1995) und Waltereit (2006).

2. Kanonische Eigenschaften von MPn

Bevor wir uns mit spezifischeren Fragen rund um das Thema der MPn beschäftigen, schauen wir uns einige Eigenschaften an, von denen man annimmt, dass sie auf diese Klasse von Wörtern prototypisch zutreffen. „Prototypisch", weil sich zeigen wird, dass die Eigenschaften einerseits nicht stets auf alle MPn zutreffen, und andererseits auch gegebenenfalls für Elemente gelten, die nicht der Klasse der MPn zuzurechnen sind. Spätere Kapitel greifen diese Eigenschaften, die wir an dieser Stelle im Überblick betrachten wollen, wieder auf und beleuchten sie im Detail. Wir werden im weiteren Verlauf des Buches auch wiederholt die Beobachtung machen, dass es durchaus Fälle gibt, die diesen typischen Verhaltensweisen widersprechen. Um diese Fälle erkennen zu können, scheint es aber sinnvoll, zunächst die typischen Charakteristika kennenzulernen.

2.1 Unflektierbarkeit

Für MPn gilt, dass sie nicht flektierbar sind. Sie müssen folglich mit keinem anderen Element im Satz hinsichtlich bestimmter Merkmale abgeglichen werden, wie man es von der Subjekt-Verb- oder Kasus-Genus-Numerus-Kongruenz kennt.

(1) a. Anika tanzt/*tanzen.
     b. Anika und Amina *tanzt/tanzen.

(2) a. Ich sehe ein/*einen/*eine großes/*großen/*große Auto.
     b. Ich sehe *ein/einen/*eine *großes/großen/*große LKW.
     c. Ich sehe *ein/*einen/eine *großes/*großen/große Limousine.

Das heißt, es gibt MPn nicht in verschiedenen Flexionsformen, sie bilden keine Paradigmen, wie beispielsweise finite Verben, Artikel, Adjektive oder Nomen.

Das Merkmal der Unflektierbarkeit weisen natürlich nicht nur MPn auf. **Fokuspartikeln** (vgl. (3)), **Adverbien** (vgl. (4)) oder **Steigerungspartikeln** (vgl. (5)) flektieren ebenfalls nicht.

(3) Ich habe <u>nur</u> das Wohnzimmer geputzt.
(4) Ich fahre <u>jetzt</u> nach Hause.
(5) <u>Sehr</u> gerne komme ich dich besuchen.

In diesem Sinne ist die ausbleibende Flexion zwar kein eindeutiges Kriterium für MPn, im Vergleich mit anderen Klassen von Wörtern handelt es sich aber um eine typische Eigenschaft von MPn.

2.2 Unbetonbarkeit

Eine weitere Eigenschaft, die auf MPn normalerweise zutrifft, ist, dass sie unbetont sind. Eine plausible Betonung (hier dargestellt durch Großbuchstaben) für die Sätze in (6) zeigt (7).

(6) a. Das ist **aber** eine Überraschung!
   b. Ostwestfalen sind **eben** so.
   c. Hast du das **etwa** alles selbst gemacht?

(7) a. DAS ist **aber** eine Überraschung!
   b. Ostwestfalen SIND **eben** so.
   c. Hast du das **etwa** alles SELBST gemacht?

Die Betonungsverhältnisse in (8) werden als abweichend empfunden.

(8) a. #Das ist **ABER** eine Überraschung.
   b. #Ostwestfalen sind **EBEN** so.
   c. #Hast du das **ETWA** alles selbst gemacht?

Wenngleich man beobachtet, dass MPn in der Regel unbetont beziehungsweise unbetonbar sind, gibt es von einigen MPn auch betonte Auftretensweisen.

(9) a. Tilman, schieß **JA** fünf Tore!
   b. Du hast es also **DOCH** gewusst.
   c. Wen hast du **DENN** eingeladen?

Für Fälle wie in (9) gilt es dann, zu überlegen, ob man annehmen möchte, dass es sich gar nicht um MPn handelt (diese Sicht müssten Verfechter der generellen Unbetontheit von MPn einnehmen) oder ob sich eine regelhafte Beziehung zwischen unbetonter und betonter Erscheinungsform (über die (Art der) Akzentuierung) der jeweiligen Partikel herleiten lässt. Beide Strategien sind in der Literatur verfolgt worden (vgl. z.B. Doherty 1985: 66-72, Meibauer 1994: 104-131, Thurmair 1989: 110f., Kwon 2005: 86f.).

Man muss dazu sagen, dass die betonte und unbetonte Form sich in ihren Auftretenskontexten voneinander unterscheiden. So kann (9c) nur angemessen geäußert werden, wenn im Vorgängerkontext Fragen der Art *Hast du Eike/Anja/Britta/Christian eingeladen?* negativ beantwortet worden sind. Diese Restriktion gilt aber nicht für die Frage in (10).

(10) Wen hast du **denn** eingeladen?

Das unbetonte *ja* kann nur in Deklarativsätzen auftreten wie in (11) und bringt in etwa zum Ausdruck: ‚dass Tilman Fußball spielt, ist bekannt'.

(11) Tilman spielt **ja** Fußball.

Es kann aber nicht in Imperativsätzen verwendet werden.

(12) *Tilman, schieß **ja** fünf Tore!

Das betonte *ja* in (9a) steht aber gerade in diesem Kontext und nimmt auf die Äußerung derart Einfluss, ihren Charakter zu verstärken.

(13) Tilman, schieß fünf Tore!

Im Vergleich zu (13), was man als Aufforderung liest, versteht man (9a) eher als Warnung, Drohung oder Ermahnung.

2.3 Ausbleibende Phrasenfähigkeit

Eine weitere Eigenschaft, die MPn zugeschrieben wird, ist, dass sie keine **Phrasen** bilden können. Dies lässt sich dadurch nachweisen, dass sie klassische **Konstituententests** nicht bestehen. So lassen sie sich z.B. nicht koordinieren (vgl. (14) vs. (15)).

(14) a. [$_{NP}$ Anika aus Köln] und [$_{NP}$ Caro aus Brühl] sitzen in der Kneipe.
      b. [$_{PP}$ Unter dem Sofa] und [$_{PP}$ hinter dem Schrank] hat Oma ihre Brille gesucht.
      c. [$_{VP}$ Berge erklommen] und [$_{VP}$ am Strand gelegen] hat Kathrin in den Sommerferien.

(15) a. *Anja geht [halt] und [eben] früh aus dem Haus.
      b. *Hast du im Frühjahr [denn] und [eigentlich] noch einen Vertrag?
      c. Quatsch nicht 'rum. *Geh [mal] und [langsam] nach Hause!

MPn lassen sich auch nicht durch pronominale Formen ersetzen oder durch w-Pronomen erfragen.

(16) a. Ich warte [$_{PP}$ am Jahnplatz]/dort.
      b. [$_{NP}$ Das Baby]/es schreit.
      c. Anna fährt [$_{AP}$ sehr schnell]/so mit dem Rad.

(17) a. Wo warte ich? – Am Jahnplatz.
      b. Wer schreit? – Das Baby.
      c. Wie fährt Anna mit dem Rad? – Sehr schnell.

Es lassen sich keine Pronomen finden, durch die man die MPn in (18) ersetzen könnte. Genauso wenig gelingt die Formulierung einer w-Frage, auf die die MPn jeweils eine Antwort geben (vgl. (19)).

(18) a. Paul hat **eh**/__ keine Lust. Den musst du nicht fragen.
      b. Woher weißt du das? Warst du **etwa**/__ im Stadion?

(19) a. Fahr **schön** vorsichtig!
    b. Wie vorsichtig soll ich fahren? – #Schön.
    c. Ich habe das **schlicht** übersehen!
    d. Wie hast du das übersehen? – #Schlicht.

Einen weiteren Hinweis darauf, dass MPn keine Phrasen bilden, liefert ihre unmögliche **Erweiterbarkeit**. Phrasen erlauben Modifizierungen durch intensivierende Ausdrücke (*fürchterlich*) und **Gradpartikeln** (*ziemlich*), wie (20) zeigt.

(20) a. Die Arminia-Fans haben fürchterlich [über den Aufstieg gejubelt].
    b. In Bielefeld regnet es ziemlich [oft].

Parallele Modifikationen sind bei MPn nicht zulässig.

(21) a. *Mann, ich war außerordentlich [vielleicht] ein Idiot!
    b. *Ach, wären sehr [nur] das ganze Jahr Semesterferien!

Nicht zuletzt fällt auf, dass MPn nicht im **Vorfeld** des Satzes, das heißt in selbständigen Sätzen in der Position vor dem finiten Verb, stehen können.

(22) a. ***Halt** habe ich keine Zeit.
    b. ***Gefälligst** komm nach Hause!
    c. ***Eh** hat Maria kein Geld dafür.

Die Vorfeldposition ist aber eine Position, in der gerade eine (beliebig große) Phrase stehen kann (vgl. (23)).

(23) a. [Der Briefträger] hat geklingelt.
    b. [Der neue Briefträger] hat geklingelt.
    c. [Der neue Briefträger, der immer so früh kommt,] hat geklingelt.

Wenn es den Anschein hat, als würden MPn im Vorfeld auftreten wie in (24) und (25), handelt es sich um die gleichlautende Form in einer anderen Wortart.

(24) a. **Schon** sind die Klausuren korrigiert. (Adverb)
    b. In Ordnung waren sie **schon**, aber wirklich nicht besonders gut. (MP)

(25) a. **Einfach** hat er es sich gemacht. (Adverb)
    b. Er hat es **einfach** so gemacht. (MP)

Es gibt folglich verschiedene Verhaltensweisen von MPn, die zu der Annahme führen, MPn ihren Phrasenstatus abzusprechen.

2.4 Kombinierbarkeit

Auch wenn MPn (wie wir gesehen haben) nicht koordinierbar sind, können sie dennoch in Reihe auftreten.

(26) a. Hast du **denn vielleicht mal** die Suppe probiert?

(Zifonun et al. 1997: 59)

 b. Kombinieren Sie **doch nur ruhig auch mal** Modalpartikeln!

(Aufsatztitel Thurmair 1991)

Geläufig sind hier Zweierkombinationen der Art in (27).

(27) a. Frag **doch ruhig**!
 b. Wir kennen uns **ja doch** so lange.
 c. Das kannst du **ja wohl** morgen erledigen.
 d. Wen hat er **denn bloß** damit gemeint?
 e. Weißt du **denn eigentlich**, wo das genau ist?

Beobachten lässt sich dann allerdings, dass MPn sich nicht beliebig miteinander kombinieren lassen, das heißt, es gibt Beschränkungen, die die prinzipielle Verträglichkeit von MPn betreffen.

(28) a. *Fährt die Fähre **doch hübsch** an Silvester?
 b. *Haben Melanie und Philipp **eben etwa** im Sommer geheiratet?
 c. *Familie Dicke fährt **schon denn** in den Urlaub.

Ferner zeigt sich, dass wenn MPn prinzipiell kombiniert werden können, sich Akzeptabilitätsunterschiede hinsichtlich verschiedener Abfolgen der beteiligten Partikeln einstellen (vgl. (27) und (29)).

(29) a. *Frag **ruhig doch**!
 b. *Wir kennen uns **doch ja** so lange.
 c. *Das kannst du **wohl ja** morgen erledigen.
 d. *Wen hat er **bloß denn** damit gemeint?
 e. *Weißt du **eigentlich denn**, wo das genau ist?

Wie deutlich dieser Unterschied jeweils ist, ist meines Wissens allerdings noch nicht untersucht worden. Die Auszeichnung als ungrammatisch verwende ich hier deshalb aus Gründen der Einfachheit. Mit Sicherheit lässt sich meines Erachtens nur eine Präferenz von (27) gegenüber (29) annehmen (vgl. Müller 2014 zu Sätzen wie (27b) und (29b)).

Es gibt auch durchaus Kombinationen, die in beiden Abfolgen Verwendung finden (vgl. z.B. (30) und (31)).

(30) a. Die Avesta hat quasi die Mythologie der Avesta [...] mit den Archämiden vermischt und [...] sich quasi über die Avesta [...] legitimiert. Und sorry, hört **langsam mal** auf alle Namen mit „glänzend und hell" zu übersetzen. (Wikipedia-Diskussion-Arash (Mythologie))

b. Karl-Heinrich Langspecht [CDU]: Kommen Sie **mal langsam** zum Haushalt! (Protokoll der Sitzung des Parlaments Landtag Niedersachsen am 22.12.2010)

(31) a. Auwei was ist **bloß nur** aus den Ruhrbaronen geworden? Wollt ihr alle einen Job bei der BILD ergattern oder warum ist die Qualität in letzter Zeit so massiv gesunken? (DECOW2012-06X: 709617545)

b. ob da nicht vielleicht doch auch was anderes noch eine rolle spielt? was könnte das **nur bloß** gewesen sein? *grübel, grübel* (DECOW2012-03X: 622063131)

Auch die Eigenschaft des kombinierten Auftretens trifft sicherlich nicht allein auf MPn zu. Ein derartiges gehäuftes Auftreten, das dazu ähnlich zum einen Verträglichkeits- und zum anderen Sequenzierungsrestriktionen unterliegt, lässt sich beispielsweise auch im Bereich von Satzadverbien beobachten (vgl. (32) und (33)).

(32) a. *Konrad ist <u>wahrscheinlich</u> <u>vermutlich</u> verreist.
b. Konrad ist <u>vermutlich</u> <u>wahrscheinlich</u> verreist.

(33) a. *Konrad ist <u>vermutlich</u> <u>leider</u> verreist.
b. Konrad ist <u>leider</u> <u>vermutlich</u> verreist. ((nach) Doherty 1985: 17)

Allerdings (wie oben jeweils auch angeführt) ist die Kombinierbarkeit von MPn eine Eigenschaft, die MPn (im Rahmen gewisser Beschränkungen) typischerweise zugeschrieben wird.

2.5 Satzintegrierte Mittelfeldposition

Dass das Vorfeld (VF) als MP-Position ausscheidet, haben wir bereits gesehen (vgl. (34)).

(34)

	VF	l.Sk	MF	r.Sk	NF
a.	*Ja	ist	Peter im Open-Air-Kino	gewesen.	
b.	*Eh	trinkt	Maria nichts.		
c.	*Einfach	hatte	ich keine Zeit.		

Auch die übrigen Felder, die uns das **Topologische Feldermodell** (vgl. Wöllstein 2010) zur Verfügung stellt, scheiden mit Ausnahme des **Mittelfeldes** aus. Die **linke Satzklammer** (l.Sk) (in der nur entweder eine Konjunktion oder das finite Verb stehen können) sowie die **rechte Satzklammer** (r.Sk) (in der sich in Nebensätzen das finite Verb beziehungsweise in selbständigen Sätzen gegebenenfalls infinite verbale Bestandteile befinden) scheiden als Position prinzipiell aus. Und wie (35) zeigt, führt auch die Stellung im **Nachfeld** (NF) in der Regel nicht zu akzeptablen Strukturen.

(35)

	VF	l.Sk	MF	r.Sk	NF
a.		*weil	Stefan das Brot	aufgegessen hat	**eh**
b.		*ob	Familie Müller mit dem Auto	gefahren ist	**etwa**
c.	*Wen	hat	Melanie	besucht	**denn?**
d.		*Ruf	sie	an	**ruhig!**

Das einzige Feld, in dem MPn stehen können, ist das **Mittelfeld** (MF).

(36)

	VF	l.Sk	MF	r.Sk	NF
a.		weil	Stefan das Brot **eh**	aufgegessen hat	
b.		ob	Familie Müller **etwa** mit dem Auto	gefahren ist	
c.	Wen	hat	Melanie **denn**	besucht?	
d.		Ruf	sie **ruhig**	an!	

Innerhalb dieses Feldes sind allerdings verschiedene Positionen denkbar. In (37) kann die MP *ja* hier prinzipiell an jeder angezeigten Stelle stehen.

(37) Mit einem Karateschlag hat (ja) Frau Müller (ja) gestern (ja) im Büro (ja) den Schreibtisch des Abteilungsleiters (ja) in zwei Hälften zerlegt.
(Diewald 2007: 126)

Auch die Kombinationen können sich auf verschiedene MF-Positionen verteilen, das heißt, es kann anderes sprachliches Material zwischen die MP-Sequenzen treten. Man spricht dann von ihrer **Distanzstellung**, im Gegensatz zur **Kontaktstellung**.

(38) a. Als die Leute, die dies vorgelesen haben, wieder raus waren, hatte ich dann einen anderen, der auch aufgerufen war, gefragt: „Sag mal, wo geht **denn** der Transport **eigentlich** hin?"
(Braunschweiger Zeitung 22.3.2008)

b. Jedenfalls war mein ICE, der mich flott nach Köln bringen sollte, weg. Stattdessen ging es gemütlich per Regionalbahn los. Kein Problem war das. Echt nicht. Wir leben **ja** heute **eh** viel zu hektisch.
(Braunschweiger Zeitung 27.1.2009)

15

2.6 Synsemantika und Sprecherorientierung

MPn zählen zu den sogenannten **Synsemantika** (im Gegensatz zu **Autosemantika**). Hierunter fasst man Wortarten, die keine eigene lexikalische Bedeutung aufweisen. Artikel, Präpositionen und Konjunktionen z.b. (und eben auch MPn) können anders als beispielsweise Nomen, Adjektive oder Verben, die zu den Autosemantika zählen, nicht selbst **referieren**, das heißt auf außersprachliche Einheiten Bezug nehmen, und sind in diesem Sinne semantisch unselbständig (vgl. Lehmann 1995).

(39) Bei schönem Sommerwetter genießen die Leute das Kino im Park bei
    S   A   A   A S A S A S A S
    einem kühlen Getränk.
    S   A   A

Dass es gerechtfertigt ist, MPn unter die Synsemantika zu fassen, lässt sich durch einen Vergleich des MP-Beitrags mit dem ihrer gleichlautenden Formen in anderen Wortarten zeigen. Die Bedeutung der Adjektive und Adverbien in (40) und (41) kann man relativ problemlos konkret angeben.

(40) a. Auffällig war das **schlichte** Bühnenbild.
        ,auf das Nötigste, das Wesentliche beschränkt; in keiner Weise aufwändig; einfach und bescheiden'
    b. Der **langsame** Versand regt den Kunden auf.
        ,durch geringe Geschwindigkeit gekennzeichnet; relativ lange Zeit in Anspruch nehmend'

(41) a. Da geht man **(ein)mal** ohne Schirm aus dem Haus und prompt regnet es!
        ,ein [einziges] Mal'
    b. Ich habe jetzt keine Zeit. Ich kümmere mich **gleich** darum.
        ,in relativ kurzer Zeit; sofort; (sehr) bald'

Die Charakterisierungen sind hier dem *Duden-Wörterbuch* (online-Version: www.duden.de/woerterbuch) entnommen. Derartige Umschreibungen scheinen für die gleichlautenden MP-Vorkommen (wenn überhaupt) ungleich schwieriger zu formulieren.

(42) a. Der Stadt fehlt **schlicht** das Geld.
    b. Ich höre bei Ihnen immer: Von Bayern lernen heißt siegen lernen. – Dann machen Sie sich mal **langsam** auf die Socken!
        (Protokoll der Sitzung des Parlaments Landtag Niedersachen am 9.7.2008)

(43) a. Lies es dir **(ein)mal** mehrfach durch und du wirst sehen, dass ich Recht habe!

b. Den ein oder anderen Passanten ließ allerdings das Namensgedächtnis im Stich. Wie hieß der **gleich**? Ach ja: Priesmeyer!

(Braunschweiger Zeitung 8.9.2006)

Dies ist darauf zurückzuführen, dass die MPn abstraktere semantische Bedeutungen aufweisen. Möchte man (40) und (41) anders formulieren, kann man die Ausdrücke durch synonyme Adjektive beziehungsweise Adverbien ersetzen.

(44) Auffällig war das **bescheidene/schnörkellose/unauffällige** Bühnenbild.
(45) Ich habe jetzt keine Zeit. Ich kümmere mich **in Kürze/sehr bald/umgehend/in absehbarer Zeit** darum.

Möchte man (42) und (43) umschreiben, muss man auch andere MPn wählen. Die Synonyme der Adjektive und Adverbien sind nicht geeignet.

(46) a. Der Stadt fehlt **einfach/eben** das Geld.
b. #Der Stadt fehlt **bescheiden/schnörkellos/unauffällig** das Geld.

(47) a. Wie hieß der **doch/noch**?
b. #Wie hieß der **in Kürze/sehr bald/umgehend**?

Eine weitere interpretatorische Eigenschaft von MPn, die sie von anderen sprachlichen Ausdrücken unterscheidet, ist, dass MPn keinen Beitrag zur **wahrheitsfunktionalen Bedeutung** leisten.

Die Idee der sogenannten **wahrheitsfunktionalen Semantik** ist, dass sich die Bedeutung eines Satzes erfassen lässt, indem man schaut, unter welchen Bedingungen er wahr oder falsch ist. Das heißt, wenn ein Sprecher die Bedeutung eines Satzes kennt, kann er in einer konkreten Situation entscheiden, ob der Satz wahr oder falsch ist. Löst man diese Fähigkeit von der konkreten Situation, kann man sagen, dass der Sprecher weiß, unter welchen Umständen ein Satz wahr/falsch ist.

Der Satz *Der Smiley lacht.* ist in diesem Sinne wahr, wenn der Smiley in der relevanten Situation lacht und falsch, wenn er es nicht tut.

(48) <u>Satz:</u>   Der Smiley lacht.   Der Smiley lacht.

<u>Wahrheit:</u>   ↓ wahr   ↓ falsch

<u>Situation:</u>   ☺   ☹

Ein Sprecher kennt die Bedeutung des obigen Satzes, wenn er in einer Situation diese Entscheidung zwischen wahr/falsch fällen kann. Losgelöst von der konkreten Situation, kann er auch die Wahrheitsbedingungen des Satzes angeben. *Der Smiley lacht.* ist wahr/falsch in allen Situationen, in denen der Smiley (nicht) lacht.

Betrachtet man aus dieser Perspektive den Bedeutungsbeitrag der MPn, stellt man fest, dass man nicht besonders weit kommt. Die Sätze in (49) sind immer wahr, wenn im Juni Semester ist.

(49) Im Juni ist **Ø/doch/halt/ja/sowieso** Semester.

Egal ob gar keine oder eine beliebige MP auftritt, ist der Umstand, unter denen der Satz wahr/falsch ist, stets der gleiche. Anders verhalten sich die Dinge gegebenenfalls, wenn man *Juni* z.B. durch *August* oder *März* austauscht oder *Semester* etwa durch *Prüfungsphase* oder *vorlesungsfreie Zeit*.

Wir sehen an diesem Beispiel, dass MPn eine Art von Bedeutung tragen, die keinen Beitrag zu den Wahrheitsbedingungen eines Satzes leistet.

Wenngleich sich für MPn keine lexikalische Bedeutung ausmachen lässt und sie auch nicht Einfluss auf die wahrheitsfunktionale Bedeutung eines Satzes nehmen, so können und wollen wir ihnen ihren Beitrag zur Interpretation einer Äußerung natürlich dennoch nicht völlig absprechen. Die genaue Formulierung dieses Beitrags gestaltet sich dann allerdings doch recht schwierig. Viele Definitionen und Beschreibungen sind in der Literatur vorgeschlagen worden. Zu den Aspekten, hinsichtlich derer man sich einig ist (vgl. stellvertretend für sehr viele Definitionsvorschläge und Funktionszuschreibungen z.B. Thurmair 1989: 2, Zifonun et al. 1997: 903f., 1206f., Diewald 2007: 128ff.), zählt, dass MPn

- eine Äußerung in den Kommunikationszusammenhang einbinden, indem sie den Stellenwert/die Funktion der Äußerung deutlicher machen
- dem Rezipienten Hinweise zur Interpretation der Äußerung im Kontext geben
- auf gemeinsame(s) Wissen/Annahmen/Erwartungen der Gesprächsteilnehmer verweisen
- Bezug auf vorherige Äußerungen nehmen
- die Einstellung des Sprechers (im Sinne von Emotionen, Annahmen, Erwartungen) zum ausgedrückten Sachverhalt anzeigen.

Derartige Charakterisierungen können je nach Autor, aber auch je nach im Einzelfall betrachteter MP, mehr oder weniger abweichen. Festhalten können wir aber, dass MPn kommunikative, sprecherbezogene/-orientierte, diskursstrukturierende Bedeutungen beziehungsweise Funktionen aufweisen.

Für unsere Beispiele aus (42) und (43) könnten wir dann folgende Funktionsweisen der MP-Äußerungen annehmen: Mit der Verwendung von *mal* schwächt ein Sprecher die von ihm getätigte Aufforderung ab, wodurch sie eine beiläufigere und höflichere Färbung bekommt (vgl. Thurmair 1989: 185). Das *gleich* in Ergänzungsfragen bewirkt, dass der erfragte Sachverhalt als eine dem Sprecher eigentlich bekannte Information ausgegeben wird, die er zum bestehenden Zeitpunkt vergessen hat (vgl. Helbig 1990: 156). Die Äußerung mit *schlicht* lässt sich so interpretieren, dass der Sprecher ausdrückt, dass es sich bei dem fehlenden Geld seiner Ansicht nach um den einzigen, wirklichen und relevanten Grund des diskutierten Themas handelt, der zudem als kategorisch, das heißt nicht zu ändern, ausgegeben wird (zu *schlicht* vgl. Autenrieth 2002: 64ff.). Die Aufforderung mit *langsam* drängt paradoxerweise gerade zur Eile (vgl. Burkhardt 2001: 64). Andernfalls wäre bei (42b) auch mit einer Inkompatibilität mit dem als ‚eilig/schnell weggehen/aufbrechen' konnotierten *auf die Socken machen* zu rechnen.

2.7 Weiter Skopus

Eine weitere charakteristische Eigenschaft, die mit der gerade beschriebenen Funktion zusammenhängt, ist, dass MPn (anders als z.B. Gradpartikeln, Steigerungspartikeln oder manche Adverbien) stets einen **weiten Bezugsbereich** haben. Man spricht von **weitem Skopus**. Die Gradpartikel *sogar* bezieht sich in (50a) allein auf die Präpositionalphrase *in Bielefeld*, die Steigerungspartikel *überaus* in (50b) auf das Adjektiv *besonnen*, das adverbial verwendete Adjektiv *schnell* in (50c) auf die Verbalphrase *in die Uni fahren*. Hier liegt somit **enger Skopus** der Einheiten vor.

(50) a. <u>Sogar</u> in Bielefeld regnet es manchmal nicht.
      b. Anika ist <u>überaus</u> besonnen.
      c. weil Anna <u>schnell</u> in die Uni gefahren ist

Für MPn gilt anders, dass sie sich auf größere Einheiten beziehen, nämlich den ganzen Satz oder die Äußerung. In (51a) bezieht sich *BLOSS* auf den Gesamtsatz, indem es die Anweisung verstärkt und ihr dadurch einen drohenden/warnenden Ton verleiht. Die Funktion von *denn* in (51b) lässt sich derart deuten, dass sie anzeigt, dass das Stellen der Frage aus dem Vorgängerbeitrag (hohe Geschwindigkeit) heraus motiviert ist. Hier bezieht sich die MP somit auf die gesamte Äußerung.

(51) a. Feg **BLOSS** bis 7 Uhr den Schnee weg!

b. Zeuge: Und wir fahren, nicht wahr, und dann mit der Geschwindigkeit achtzig bis hundert.
Richter: Warum fahren Sie **denn** so schnell? (Hoffmann 1994: 61)

Mit der Tatsache, dass MPn unter den Partikeln im Satz den weitesten Skopus nehmen, geht auch einher, dass in ihrem Bezugsbereich eine Negationspartikel auftreten kann (vgl. (52a)), sie selbst aber nicht in deren Skopus fallen kann (vgl. (52b)). Die Paraphrasen des akzeptablen Satzes in (52a) und inakzeptablen Satzes in (52b) veranschaulichen dieses Verhalten.

(52) a. Astrid fährt **ja nicht** jeden Tag nach Mannheim.
,Es ist bekannt, dass es nicht der Fall ist, dass Astrid jeden Tag nach Mannheim fährt.' (ja > nicht)
b. *Astrid fährt **nicht ja** jeden Tag nach Mannheim.
,Es ist nicht der Fall, dass es bekannt ist, dass Astrid jeden Tag nach Mannheim fährt.' (nicht > ja)

Aufgabe 1: Wo finden Sie in den folgenden (modifizierten) authentischen Belegen Bestätigung oder Gegenbeispiele zu den hier angeführten Eigenschaften von MPn?

Hatte bisher eben einfach keine Zeit größer was zu testen nach unserer Session letztens. Aber die Woche ists wieder bisschen ruhiger und entspannter. Mein ICQ mag mich wohl nicht mehr. Schon beim Laden bleibt es hängen. In der Firma gehts und per PN bin ich auch zu erreichen halt. Gruß Joachim (Forenbeitrag) (nach DECOW2012-06x:984590578)

„Die deutsche Außenpolitik ist ja schlicht ein Scherbenhaufen", sagt er, „was ist denn bei Euch nur los?" „Westerwelle ist völlig am Ende", sage ich. „Den meine ich doch nicht," unterbricht Dave, „den hat doch hier sowieso keiner ernst genommen, Hillary schon gar nicht. Warum bloß ist der Außenminister geworden?" Dave kennt sich aus in der deutschen Politik.
(nach Braunschweiger Zeitung, 01.09.2011)

Das Fahrzeug ist relativ straff abgestimmt, „sporty" eben. Es lässt sich deshalb flott um Kurven dirigieren. Die Sportlichkeit geht aber etwas zu Lasten des Komforts. Insbesondere kurze Stöße kann der Sportkombi schlicht und einfach nicht richtig filtern, was die Passagiere zu spüren bekommen. (nach Mannheimer Morgen, 26.01.2008)

Grundbegriffe: Flexion, Unbetonbarkeit, Phrasenbildung, Konstituententests, Kombinierbarkeit, Distanz-/Kontaktstellung, Vorfeld, Mittelfeld, Syn-/Autosemantika, wahrheitsfunktionale Bedeutung, (weiter) Skopus

Weiterführende Literatur: Die hier beschriebenen Eigenschaften werden zu Beginn nahezu jeder Arbeit zu MPn angeführt (vgl. z.B. Thurmair 1989, Meibauer 1994, Karagjosova 2004, Kwon 2005 sowie Coniglio 2011). Einen kompakten und illustrativen Überblick gibt auch der Artikel von Diewald (2007).

3. MP oder keine MP?

Eine Besonderheit von MPn ist, dass sie ‚Gegenstücke‘ in anderen Wortarten haben. Das heißt, es gibt Wörter, die ihnen der Form nach gleich sind, aber anderen Wortarten angehören. Mit den unterschiedlichen Wortartzuordnungen gehen auch verschiedene syntaktische und semantische Eigenschaften einher. Aufgrund dieser unterschiedlichen Charakteristika hat man Kriterien an der Hand, um zu entscheiden, ob im konkreten Fall eine MP vorliegt oder nicht. Aus diesen Verhältnissen ergibt sich die Frage, ob beziehungsweise wie man den Zusammenhang zwischen diesen identischen Formen auffassen kann: Liegen Bedeutungsvarianten eines Lexems vor? Oder besteht gar kein Zusammenhang zwischen den Bedeutungen dieser Formen? Und welche Rolle spielt dann noch, dass verschiedene Wortarten beteiligt sind?

3.1 ‚Dubletten‘ in anderen Wortarten

Die Form *auch* beispielsweise kann als MP in verschiedenen Äußerungstypen auftreten.

(1) A: Eine alte Frau ist auf der Straße ausgerutscht und hat sich verletzt.
     B: Es ist **auch** furchtbar glatt auf der Straße.

(2) a. Hast du dir **auch** die Hände gewaschen?
     b. A: Ich bin heute sehr müde.
         B: Warum gehst du **auch** immer so spät ins Bett?

(3) a. Vergeßt **auch** die Grüße nicht!
     b. Wie konnte er **auch** so schnell abreisen!
     c. Daß der Zug **auch** gerade heute so viel Verspätung hat!
                                                 (Helbig 1990: 88/89/90)

Thurmair (1989: 155ff.) nimmt als Beitrag der MP hier an, dass *auch* anzeigt, dass entweder der Sachverhalt der Vorgängeräußerung (in (1), (2b), (3b), (3c)) oder der Sachverhalt der MP-Äußerung selbst (in (2a), (3a)) für den Sprecher erwartbar ist.

In (4) liegt anders die Verwendung von *auch* als **Gradpartikel** vor. Andere passende Ausdrücke sind etwa *sogar*, *selbst* oder *ebenfalls*.

(4) a. **Auch** Lars hat die Prüfung bestanden.
     b. Das Wasser des Sees war **auch** dem abgehärtesten Schwimmer zu
         kalt.   (Helbig 1990: 92)

Einen weiteren Gebrauch – als **Adverb** – haben wir in (5).

(5)   Der andere Lehrer hat AUCH recht.

Ersetzen könnte man *auch* hier durch *ebenfalls* oder *gleichfalls*.
Als **Konjunktionaladverb** (*außerdem, zusätzlich*) tritt es in (6)
auf.

(6)   Peter macht Weihnachtseinkäufe. Beim Metzger besorgt er die Gans,
       beim Konditor Marzipan.
    a. **Auch** kauft er einige neue Tannenbaumkugeln im Baumarkt.
    b. Er kauft **auch** einige neue Tannenbaumkugeln im Baumarkt.

Hier haben wir es also mit gleichlautenden Formen bei Gradpartikeln, Adverbien und Konjunktionaladverbien zu tun. Bei anderen
MPn können auch andere Wortarten beteiligt sein. Betrachten wir
z.B. das Auftreten von *denn*. Als unbetonte MP steht *denn* übli-
cherweise in Entscheidungs- und Ergänzungsfragen. Es zeigt an,
dass man den Anlass für die Frage im aktuellen Kontext findet.

(7)   a. Bist du **denn** wieder völlig gesund?
       b. Wann kommt der Zug **denn** an?   (Helbig 1990: 106/107)

Die betonte MP ist in Ergänzungsfragen zu finden. Das betonte
denn setzt voraus, dass falsche Antworten auf die Frage im Kontext
vorliegen.

(8)   Wo arbeitest du **DENN**? (wenn du nicht im Kaufhaus arbeitest)
                                                    (Helbig 1990: 108)

Um keine MP-Verwendung von *denn* handelt es sich in (9) bis (10).

(9)   Er kommt nicht zur Arbeit, **denn** er ist krank.
(10)   Er ist bekannter als Forscher **denn** als Lehrer.
(11)   Ich gehe **denn** jetzt.   (Helbig 1990: 110)

In (9) leitet *denn* als **Konjunktion** den kausalen Nebensatz ein (Alternativen sind z.B. *da, weil*), in (10) tritt es in einer Vergleichskon-
struktion auf (*als*) und in (11) handelt es sich um das temporale Adverb (ersetzbar durch *dann*).

Als letztes Beispiel schauen wir uns die verschiedenen Auftretensweisen von *eben* in (12) bis (17) an. Als MP kann *eben* in Aussagen und Aufforderungen stehen.

(12)   Autofahren verlangt **eben** höchste Konzentration.   (Helbig 1990: 121)
(13)   A: Ich bin morgens immer so müde.
       B: Dann geh **eben** früher ins Bett.

Für *eben* als MP wird angenommen, dass es den ausgedrückten
Sachverhalt als kategorisch, axiomatisch, evident, faktisch ausgibt
und immer auf einen Vorgängerbeitrag bezogen ist. In (12) ist beispielsweise denkbar, dass der Gesprächsteilnehmer vorweggehend
seine Müdigkeit nach der Autofahrt ausdrückt. Die *eben*-Äußerung

begründet diesen Sachverhalt dann und die Begründung erhält den Charakter der einzig denkbaren Erklärung für die Müdigkeit. In (13) gibt die MP-Äußerung die Folge aus dem vorher Geäußerten an. Für den Sprecher ist es evident, das heißt in dieser Situation die einzig mögliche Lösung, früher ins Bett zu gehen (vgl. Thurmair 1989: 119ff.).

Eben hat aber auch Verwendungen als Gradpartikel wie in (14), wo man es durch *gerade/genau* ersetzen könnte, oder als **Antwortpartikel** (vgl. (15)).

(14) **Eben** diesen Mann habe ich im Urlaub getroffen.
(15) A: Wir wollen doch weiter zusammenarbeiten.
　　 B: **Eben.**　　　　　　　　　　　　　　　　 (Helbig 1990: 122/124)

In (16) ist *eben* **Adjektiv** (*flach, gleichmäßig*), in (17) **temporales Adverb** (*soeben, vor kurzer Zeit*).

(16) Die Landschaft ist **eben**.
(17) Er ist **eben** angekommen.

Derartige Fälle kann man für nahezu alle MPn anführen. Für uns interessant ist, wie wir entscheiden können, ob eine MP vorliegt oder nicht.

3.2　Unterscheidungskriterien und exemplarische Abgrenzungen

Dazu können wir manche der Eigenschaften aus Kapitel 2 nutzbar machen, in dem wir Eigenschaften betrachtet haben, die MPn typischerweise zugeschrieben werden.

Zu diesen Charakteristika gehört z.B. die **Unbetonbarkeit** mancher MPn (vgl. Abschnitt 2.2). Trifft man auf ein betontes *auch*, scheidet der MP-Gebrauch somit aus. Vor diesem Hintergrund lassen sich Minimalpaare bilden wie in (18).

(18) a. Bist du **AUCH** fleißig? (wie deine Eltern es sind) (Adverb)
　　 b. Bist du **auch** FLEIßig? (Das will ich hoffen.) (MP) (Helbig 1990: 93)

Natürlich werden die Sätze aus (1) bis (3) nicht ungrammatisch bei betontem *auch*, sie werden dann aber ebenfalls entlang des *auch*-Gebrauchs in (5) gelesen (*ebenfalls*) und nicht als MP. Setzt man die Betonbarkeit als Ausschlusskriterium für die MP-Verwendung an, wird es einerseits schwierig, für die MPn, bei denen man auch betonte Varianten annimmt (wie z.B. betontes *denn* in (8)) aufzukommen, andererseits kann man auch nicht sagen, dass sobald die Betonung ausbleibt, von der MP *auch* auszugehen ist. Auch die Gradpartikel und das Konjunktionaladverb können dann vorliegen (vgl. (4), (6))). Genauso wird *denn* in (9) bis (11) auch nicht betont, obwohl kein MP-Gebrauch vorliegt. Das Kriterium der Unbetonbarkeit von MPn hilft hier folglich alleine nicht aus, um zwischen den Wortarten zu unterscheiden.

In solchen Fällen kann die Eigenschaft des **Skopus** (vgl. Abschnitt 2.7) helfen, zu entscheiden, ob es sich um eine MP handelt oder nicht. MPn beziehen sich immer auf den ganzen Satz, sie haben weiten Skopus. Sobald engerer Skopus vorliegt, scheidet der MP-Gebrauch aus. Die Gradpartikel *auch* in (4) nimmt nur Skopus über die Nominalphrasen (*Lars*/*dem abgehärtesten Schwimmer*), das Adverb in (5) bezieht sich auf die Verbalphrase (*recht haben*). Genauso liegt enger Skopus in (10) und (11) vor: In (10) bezieht sich *denn* nur auf *als Lehrer*, in (11) auf *jetzt gehen*. Von Satzskopus ist in diesen Non-MP-Fällen folglich nicht auszugehen. Aber auch die unterschiedlichen Bezugsbereiche reichen nicht als Unterscheidungskriterium, da auch für die Konjunktionen und Konjunktionaladverbien weiter Skopus angenommen werden muss. Schließlich wird in (6) und (9) der gesamte Nebensatz kausal beziehungsweise additiv mit dem Hauptsatz verknüpft.

Ein weiteres Kriterium kann hier der Unterscheidung zwischen MPn und Konjunktionen dienen: die **textuelle Gegebenheit** des Bezugsbeitrags. Sowohl Konjunktionen als auch MPn stellen Verbindungen zwischen Beiträgen her. Die Einheiten, die durch Konjunktionen verknüpft sind, liegen explizit vor. In (9) liefert der konjunktional eingeleitete Nebensatz die Begründung dafür, dass *er* nicht zur Arbeit kommt. In (10) werden Forscher und Lehrer verglichen und in (6) ist das Kaufen der Kugeln eine Handlung, die zusätzlich zu den vorher genannten Unternehmungen durchgeführt wird. Das heißt, die verknüpften Einheiten sind textuell gegeben, während die Bezugselemente im Falle der MPn in der Regel impliziter vorliegen und auch gar nicht tatsächlich erwähnt sein müssen. In (1) kommentiert/begründet die MP-Äußerung den textuell gegebenen Vorgängerbeitrag. In (2a) z.B. meldet der Sprecher Zweifel an, dass der Hörer sich tatsächlich die Hände gewaschen hat. Der Hörer sagt aber nicht explizit, dass er es nicht getan hat. Die Bedenken des Sprechers sind allein aus dem Kontext heraus begründet. Ähnliches lässt sich für *denn* annehmen, für das argumentiert wird, dass die Frage im Kontext motiviert ist. Für (7a) und (7b) ist hier denkbar, dass der Angesprochene vorhat, eine Wanderung zu unternehmen beziehungsweise Bedenken geäußert hat, einen Umstieg zu schaffen. Dieses im Kontext zu suchende Bezugselement muss nicht einmal verbalisiert sein. Es ist z.B. das Szenario denkbar, dass jemand zu einer Beratungsstelle kommt und als ersten Beitrag des Gesprächs gefragt wird *Was kann ich denn für Sie tun?* (vgl. Diewald 2006: 423).

Ein syntaktisches Kriterium, das helfen kann, MPn von den anderen Wortarten abzugrenzen, ist ihre Position im Satz. MPn können nur im **Mittelfeld** stehen (vgl. Abschnitt 2.5). Sie können nicht allein im Vorfeld stehen wie das Konjunktionaladverb in (6a) und in der Regel treten sie dort auch nicht zusammen mit einem Nomen auf wie die Gradpartikel in (4a). Anders als Konjunktionen können sie auch nicht vor dem Vorfeld stehen (vgl. (9)). Eine Schwierigkeit ergibt sich bei der Anwendung dieses Kriteriums dadurch, dass auch das Konjunktionaladverb (vgl. (6b)) im Mittelfeld stehen kann. Eine Möglichkeit ist in diesem Fall, das Wort ins Vorfeld zu verschieben und zu schauen, ob der Satz noch akzeptabel ist. Das Konjunktionaladverb kann im Vorfeld stehen, MPn machen eine solche Verschiebung nicht mit.

(19) A: Eine alte Frau ist auf der Straße ausgerutscht und hat sich verletzt.
      B: Es ist **auch** furchtbar glatt auf der Straße.
      B': #**Auch** ist es furchtbar glatt auf der Straße.

B' ist natürlich prinzipiell eine völlig akzeptable Struktur, dann liegt aber das Konjunktionaladverb *auch* vor (wie in (6)). Da der Kontext in (19) die MP-Lesart nahelegt, ist der Satz als Reaktion auf As Beitrag unpassend. Auch in (20) liegt (wenn der Satz überhaupt akzeptabel ist) das Konjunktionaladverb vor.

(20) ?**Auch** vergesst die Grüße nicht!

Die anderen Sätze aus (2) und (3) können aus unabhängigen Gründen kein gefülltes Vorfeld aufweisen oder erlauben prinzipiell kein anders besetztes Vorfeld.

Bei der Unterscheidung zwischen MP vs. Nicht-MP kann auch die **Ersetzung** oder **Paraphrasierung** helfen, die wir auch schon in Abschnitt 3.1 angewendet haben, um die jeweilige Wortart zu verdeutlichen. Das Adverb *auch* sowie die Gradpartikel *auch* lassen sich durch *gleichfalls*, *ebenso*, *zusätzlich* oder *selbst* ersetzen.

(21) Die Prüfung hat **auch** (zusätzlich/selbst) Lars bestanden.
(22) Bist du **AUCH** (ebenso/gleichfalls) so fleißig wie deine Eltern?

Keiner dieser Ausdrücke eignet sich als adäquate Alternative zur MP *auch*.

(23) A: Eine alte Frau ist auf der Straße ausgerutscht und hat sich verletzt.
      B: Es ist **auch** (#zusätzlich/#selbst/#ebenso/#gleichfalls) furchtbar glatt auf der Straße.

(24) A: Ich bin immer so müde.
B: Warum gehst du **auch** (#gleichfalls/#selbst/#zusätzlich) immer so spät ins Bett?

Ähnliches gilt für das Temporaladverb *denn*, das durch *dann* ersetzt werden kann.

(25) Ich gehe **denn** (dann) jetzt.

Ersetzt man die MP *denn* durch *dann*, bleibt die Bedeutung der Äußerungen nicht erhalten.

(26) A: Ich mache heute eine Bergtour!
B: Bist du **denn** (#dann) wieder völlig gesund?

(27) A: Den Umstieg schaffen wir nie.
B: Wann kommt der Zug **denn** (#dann) an?

Nahe kommt man der MP-Bedeutung, wenn man MPn einsetzt, die bedeutungsähnlich oder im vorliegenden Kontext passend sind.

(28) Bist du **auch** wieder völlig gesund?
(29) Wann kommt der Zug **eigentlich** an?
(30) Es ist **halt** furchtbar glatt auf der Straße.
(31) Hast du dir **denn** die Hände gewaschen?

Hier bestätigt sich eine Annahme, die wir in Kapitel 2 gemacht haben. Dort haben wir gesehen, dass MPn als Synsemantika abstrakte Bedeutung haben, während ihre ‚Gegenstücke' in anderen Wortarten meist konkretere Bedeutung aufweisen. MPn und Alternativen zu ihren gleichlautenden Formen, die gerade der Bedeutung der MP-‚Dubletten' entsprechen, lassen sich nicht ohne Bedeutungsänderung füreinander ersetzen.

Aufgabe 2: Wenden Sie die hier genannten Kriterien auf die *eben*-Äußerungen in (12) bis (17) an, um die MP *eben* von den anderen *eben*-Vorkommen zu unterscheiden.

Aufgabe 3: Inwiefern ist der folgende Satz mehrdeutig? Wie kann man diese Mehrdeutigkeit auflösen?

Mach ruhig weiter!

3.3 Homonymie, Polysemie, Heterosemie

Wenn wir nun anerkennen, dass MPn ‚Gegenstücke' in anderen Wortarten haben, stellt sich die Frage, wie das Verhältnis dieser Formen zueinander aufzufassen ist.

Im Bereich der Wortsemantik gibt es vergleichbare Fälle. Das heißt, es liegen auch dort gleiche Wortformen vor, die nicht identische Bedeutungen aufweisen (vgl. (32)).

(32) a. Mein Kiefer schmerzt. (Schädelknochen)
      b. Die Kiefer verdeckt die Sicht auf die Einfahrt. (Baum)

Von dieser Art der Mehrdeutigkeit werden Fälle wie in (33) unterschieden.

(33) a. altes Auto/Haus   (‚Dauer des bisherigen Gebrauchs/Bestehens eines Gegenstandes‘)
      b. alter Mann   (‚bisherige Lebenszeit von lebenden Dingen‘)
      c. alter Wein   (‚bisherige Lebenszeit von Unbelebtem, das eine
         /alte Sprache   innere Entwicklung durchläuft‘)
      d. die alten Römer   (‚zeitlich Zurückliegendes‘)   (Löbner 2003: 60)

Der entscheidende Unterschied zwischen diesen Fällen von Mehrdeutigkeit ist, dass die Bedeutungen im Falle von *Kiefer* nicht miteinander verwandt sind, das heißt, man kann zwischen Schädelknochen und Baum keinen Zusammenhang herstellen. Ein solcher Zusammenhang besteht aber gerade in (33). Man könnte eine abstrakte Grundbedeutung ansetzen wie „hoher Wert auf Zeitskala, die an einem bestimmten Punkt ihren Anfang nimmt" (Löbner 2003: 60).

Beim ersten Typ von Mehrdeutigkeit spricht man von einer **Homonymie**. Es liegt eine unsystematische Mehrdeutigkeit vor. Im **mentalen Lexikon** gibt es mehrere Einträge für *Kiefer*, das heißt, es handelt sich um verschiedene **Lexeme** mit eigener Bedeutung. Den zweiten Typ von Mehrdeutigkeit bezeichnet man als **Polysemie.** Es liegt eine systematische Mehrdeutigkeit vor. Die Überlegung ist, dass nur ein Lexem vorliegt, das aber in seiner semantischen Beschreibung so abstrakt ist, dass sich die Bedeutungsvarianten durch weitere Spezifizierungen dieser allgemeinen Bedeutungszuschreibung ergeben (vgl. die Angabe für *alt* oben) (vgl. Meibauer et al. 2002: 191f.).

Vor diesem Hintergrund kann man sich jetzt fragen, ob man es bei dem Verhältnis der gleichen Formen zwischen MPn und den anderen Wortarten mit einem Fall von Polysemie oder Homonymie zu tun hat. Zuerst wollen wir uns fragen, ob es sinnvoll ist, davon auszugehen, dass eine homonyme Relation zwischen den Bedeutungen vorliegt. Wenn man sich derart entscheiden wollte, müsste man vertreten, dass die Bedeutungen von z.B. *eben, auch* und *denn* in den verschiedenen Wortarten keinerlei Beziehung zueinander aufweisen. Die Mehrdeutigkeit der Form wäre dann zufällig. Diese Auffassung widerstrebt den Intuitionen der meisten Autoren. Es ist der Normalfall, dass sie eine Grundbedeutung angeben. Zu *auch* schreibt Helbig (1990: 93) z.B.

> *auch* drückt die Verknüpfung von Elementen unter einem gemeinsamen Gesichtspunkt aus, ordnet Aussagen in einen Zusammenhang ein […]

Den Beitrag von *denn* sieht er (1990: 110) folgendermaßen:

> *denn* nimmt auf Vorangegangenes Bezug und motiviert die Frage (oder den Ausruf) extern (aus äußerem Anlaß) und enthält ein Element der Begründung. Es legt den Sprecher auf eine nicht-assertive (nicht-behauptende) Haltung fest.

Wie gut derartige Grundbedeutungen angegeben werden können, ist eine unabhängige Frage, aber steht man vor der Entscheidung, ob man es (sofern man von einer Mehrdeutigkeit ausgehen möchte) mit Homonymie oder Polysemie zu tun hat, spricht die Formulierung einer Grundbedeutung gegen die Homonymie.

Die Verhältnisse deuten also darauf hin, dass eine Polysemie vorliegt. Dies wäre auch von daher plausibel zu vertreten, als dass angenommen wird, dass homonyme Ausdrücke auch historisch auf unterschiedliche Quellen zurückgehen. Umgekehrt heißt es, die Verwandtschaftsbeziehungen bei polysemen Mehrdeutigkeiten könnten diachron motiviert sein. Für MPn geht man gerade davon aus, dass sie historisch aus ihren ‚Gegenstücken' hervorgegangen sind. Das heißt, MPn sind, sofern sie gleichlautende Formen haben, immer die jüngere Wortart.

Betrachtet man nur die drei Verwendungen von *eben* in (34), beobachtet man, dass in der Geschichte des Deutschen nicht immer schon alle Verwendungen verfügbar waren (vgl. für die folgenden Annahmen und alten Belege Diewald 1997: 92f.).

(34) a. Die Strecke ist <u>eben</u>. (Adjektiv)
      b. Ich geh <u>eben</u> zum Kiosk. (Temporaladverb)
      c. Dann steh **eben** früher auf!/Er ist **eben** Brite. (MP)

Entscheidenderweise ist die Verwendung als MP die jüngste. Im Germanischen (1.Jhd. vor Chr.-ca. 500 n.Chr.) sowie im Althochdeutschen (500/750-1050) findet man nur Belege für das Adjektiv (‚gleich', ‚gleichmäßig', ‚glatt', ‚geradlinig', ‚horizontal') und das Adverb (‚ebenso', ‚ebenfalls'). Das Wort hat also in diesem Stadium vor allem modale Eigenschaften bezeichnet (Art und Weise). Im Mittelhochdeutschen (1050-1350) tritt es erstmals in temporaler Bedeutung auf.

(35) ich hân gesaget <u>ebene</u> / von der vrouwen leben, / … nû sult ir merken …
      ‚ich habe gerade vom Leben der Damen erzählt, … nun sollt ihr festhalten…'   (Ebernand 4341 B.)

Der erste Beleg für die MP-Verwendung findet sich erst im Frühneuhochdeutschen (1350-1650) (hier von 1540).

(36) der würt thût als, was ich beger; / dan ich bin **eben** s kind im hauß
,Der Hausherr tut alles, was ich begehre, denn ich bin eben das Kind im Haus.' (Wickram 5,202 LV)

Auch dieser Aspekt des diachronen Zusammenhangs spricht neben der Intuition einer möglichen Grundbedeutung gegen eine Einordnung als Mehrdeutigkeit der Homonymie. Allerdings kann man auch nicht von Polysemie ausgehen. Es wird nämlich auch angenommen, dass sich die Wortart bei polysemen Ausdrücken nicht verändert. Im Beispiel oben handelt es sich bei allen Bedeutungsvarianten durchweg um Adjektive (*alt*). Im Falle der MPn variieren die Wortarten aber gerade, wie wir gesehen haben. Das heißt, man hat es zu tun mit gleichen Wortformen, die a) verschiedene Bedeutungen haben, b) einen gemeinsamen Ursprung teilen, c) verschiedenen Wortarten angehören und d) deren Bedeutungen verwandt sind. Eine Mehrdeutigkeit, die von diesen Eigenschaften begleitet wird, wird in der Literatur als **Heterosemie** (Lichtenberk 1991) bezeichnet und wurde von einigen Autoren (vgl. Meibauer 1994, Autenrieth 2002, Diewald 2007) auf das Feld der MPn übertragen. Die Heterosemie kommt der Polysemie sehr nahe, die verschiedenen Formen gehören allerdings unterschiedlichen Wortarten an.

Grundbegriffe: Betonbarkeit, Skopus, textuelle Gegebenheit, Mittelfeldauftreten, Ersetzbarkeit/Paraphrasierbarkeit, Homonymie, Polysemie, Heterosemie

Weiterführende Literatur: Ein Überblick über MPn und ihre Heteroseme findet sich für eine große Zahl von MPn in Thurmair (1989) und Helbig (1990). Zur Geschichte der MPn vgl. für eine größere Auswahl Molnár (2002) und Diewald (1997: Kapitel 4.2), zu Einzelbetrachtungen vgl. Hentschel (1986), Meibauer (1994), Autenrieth (2002).

4. Die Bedeutung von MPn

In Kapitel 1 haben wir gesehen, dass die Bedeutung von MPn nicht über Wahrheitsbedingungen erfasst werden kann. Sätze mit und ohne MPn erhalten die gleichen Wahrheitswerte. Ebenfalls haben wir schon festgehalten, dass MPn Synsemantika sind, das heißt, sie weisen keine eigene lexikalische Bedeutung auf. Sie können deshalb auch schlecht paraphrasiert oder durch andere Ausdrücke ersetzt werden. In diesem Kapitel wollen wir uns der Frage widmen, wie sich der MP-Beitrag aber nun konkret erfassen lässt.

4.1 Auffassungen zum Bedeutungsbeitrag der MPn

Wenn man Sätze/Äußerungen charakterisiert, kann man unter anderem beschreiben, welchen Handlungszweck sie in einer Kommunikationssituation erfüllen (z.B. Feststellung, Frage, Bitte). In diesem Fall beschreibt man ihre **Illokution**. Ähnliche Illokutionstypen bündelt man auch und spricht dann z.b. von **Assertionen** (Feststellung, Behauptung, Hypothese, Schluss etc.) oder **Direktiven** (Aufforderung, Befehl, Bitte, Empfehlung etc.). Eine Sicht auf den Beitrag von MPn ist, dass sie **Illokutionstypenmodifikatoren** sind, das heißt, der Unterschied zwischen Äußerungen mit und ohne MPn ist, dass unter ihrer Anwesenheit speziellere Illokutionen vorliegen. Diese Ansicht wird z.B. in Jacobs (1991) vertreten. Äußert man eine MP-lose Assertion wie in (1), drückt man als Sprecher den Glauben aus, dass der propositionale Gehalt der Äußerung wahr ist, das heißt hier, dass Herr Müller sich auf seine Pensionierung freut.

(1)   Herr Müller freut sich auf seine Pensionierung.

Beim direktiven Illokutionstyp ist der Bedeutungsbeitrag des Äußerungstyps entsprechend ein anderer. In (2) will der Sprecher, dass der Inhalt der Äußerung besteht.

(2)   Hör auf zu arbeiten!

Wie die Bedeutung der Illokutionstypen aussieht, wird mitbestimmt z.B. von der Verbposition (hier Verbzweit- vs. Verberststellung), dem Verbmodus (hier Indikativ vs. Imperativ) und gegebenenfalls der intonatorischen Realisierung. Diese Aspekte zusammen bestimmen einen Illokutionstyp. Wird jetzt eine MP in so einen Illokutionstyp eingefügt, resultiert ein Illokutionstyp, der eine spezifischere Version dieses Illokutionstyps ist. Das heißt, wenn z.B. *ja* in einer Assertion hinzutritt, entsteht ein spezifischerer Illokutionstyp der Assertion, die *ja-Assertion*.

(3)   Herr Müller freut sich **ja** auf seine Pensionierung.

Im Falle einer solchen *ja*-Assertion hält der Sprecher die ausgedrückte Proposition (p = dass Herr Müller sich auf seine Pensionierung freut) immer noch für wahr, aber durch das *ja* kommt hinzu, dass er annimmt, dass der Hörer keinen Einwand hat. In diesem Sinne ist die *ja*-Assertion eine spezifischere Version einer Assertion als eine Assertion ohne die MP *ja*. Das heißt, *ja* bestimmt sicherlich nicht den Illokutionstyp, denn eine Assertion kann natürlich auch ohne *ja* vorliegen, aber wir sehen, dass das *ja* den Illokutionstyp modifiziert.

Illustrieren lässt sich diese Sicht zum Beitrag von MPn auch am Beispiel direktiver Illokutionstypen. Dazu betrachten wir die Äußerung(en) in (4).

(4)   Mach **ø/BLOSS/mal/einfach/hübsch/gefälligst** die Tür auf!

Ohne Zweifel handelt es sich hier jeweils um Direktive. Ohne MP handelt es sich um eine allgemeine Aufforderung, die keine besondere Färbung aufweist. Der Sprecher will, dass die Tür auf ist. *Bloß* verstärkt die Aufforderung, weshalb sie auch als Drohung/Warnung verstanden wird. Die MP *mal* schwächt die Aufforderung ab. Sie wird deshalb als beiläufiger und höflicher empfunden und eignet sich gut als Bitte. Die *einfach*-Aufforderung kann man sich gut als Ratschlag oder Empfehlung vorstellen. Die Aufforderung wird als offensichtliche Lösung dargestellt. Tritt *hübsch* auf, interpretiert man die Äußerung ironisch (vgl. Burkhardt 2001: 64) beziehungsweise bringt der Sprecher zum Ausdruck, dass er den Angesprochenen nicht ganz ernst nimmt. Verwendet der Sprecher *gefälligst*, liegt wiederum eine starke Aufforderung vor, deren Erfüllung schon früher geboten war. Sie wirkt unhöflich und es ist ein soziales Gefälle zwischen Sprecher und Hörer angelegt (vgl. Burkhardt 2001: 55f.). Alle Äußerungen in (4) sind Direktive, das heißt, für alle gilt, dass der Sprecher die Erfüllung sehen will, aber sie sind dahingehend modifiziert, ob sie verstärkt, abgeschwächt oder besonders unhöflich sind und ob sie sich am ehesten zu Bitte, Rat oder Drohung eignen. Kurz gesagt: Es handelt sich jeweils um speziellere direktive Illokutionstypen.

Eine andere Vorstellung bei der Modellierung des Bedeutungsbeitrags von MPn ist, dass sie **Sprechereinstellungen** ausdrücken. Dieses Konzept erfasst, wie ein Sprecher sich positioniert hinsichtlich seiner eigenen beziehungsweise der hörerseitigen Ansichten,

Haltungen, Erwartungen, Annahmen, Emotionen sowie ihrer sozialen Rollenverteilung (vgl. Bublitz 1978: 6, Helbig 1990: 56). Verschiedene sprachliche Mittel können diese Einstellung kodieren. Sowohl die **Matrixprädikate** in (5) als auch die **Satzadverbien** in (6) drücken Vermutung beziehungsweise Bedauern auf Seiten des Sprechers aus.

(5)   Ich vermute/bedaure, dass der Stromableser morgen kommt.
(6)   Vermutlich/leider kommt der Stromableser morgen.

Mit der **Aussageform** des Satzes bringt der Sprecher seine Haltung hinsichtlich der Wahrheit/Falschheit des Sachverhalts zum Ausdruck. Im **affirmativen Fall** ist seine positive Haltung abzulesen, unter Auftreten der **Negation** seine negative Haltung.

(7)   a.   Ulrich ist müde.
       b.   Ulrich ist nicht müde.

Je nach verwendetem **Modalverb** zeigt der Sprecher an, für wie sicher/wahrscheinlich er den Sachverhalt hält.

(8)   a.   Da mag Jane in Las Vegas sein. (eventuell)
       b.   Da könnte Jane in Las Vegas sein. (möglich)
       c.   Da dürfte Jane in Las Vegas sein. (ziemlich sicher)
       d.   Da müsste Jane in Las Vegas sein. (große Sicherheit)

Doherty (1985: 62ff.) z.B. nimmt an, dass auch MPn derartige Sprechereinstellungen kodieren. Mit der MP *ja* drückt der Sprecher z.B. die Haltung aus, dass er annimmt, dass der Hörer der Proposition ebenfalls die vom Sprecher vertretene Einstellung entgegenbringt.

(9)   a.   Ulrich ist **ja** müde.
       b.   Ulrich ist **ja** wahrscheinlich müde.

In (9a) handelt es sich dabei um die positive Haltung gegenüber Ulrichs Müdigkeit, in (9b) um die Haltung, dass Ulrichs Müdigkeit wahrscheinlich ist.

In (10) weist B anders darauf hin, dass der Gesprächspartner genau dem ausgedrückten Sachverhalt gegenüber negativ eingestellt ist.

(10)   A: Ulrich will gleich noch ins Autokino. – B: Ulrich ist **doch** müde.

Tritt *wohl* in der gleichen Äußerung auf, wird wiederum eine andere Sprecherhaltung zum Ausdruck gebracht. Der Sachverhalt wird als Vermutung ausgegeben.

(11)   Ulrich ist **wohl** müde. (Er hat den Vorschlag abgelehnt, noch ins Autokino zu fahren.)

Unterschiedliche Sprechereinstellungen können wir auch in (12) ausmachen.

(12) a. DAS war **aber** ein Fest!
b. DAS war **vielleicht** ein Fest!
c. DAS war **ja** ein Fest! (Weydt 1969: 30f.)

Alle Sätze haben gemeinsam, dass der ausgedrückte Sachverhalt als außergewöhnlich gilt, das heißt, der Sprecher drückt sein Staunen über das Fest aus. Dennoch lassen sich Unterschiede ausmachen. In (12a) scheint der Sprecher selbst im Mittelpunkt zu stehen. Er ist aus dem Staunen noch nicht heraus. In (12b) will der Sprecher den Hörer von der Sachlage überzeugen. Der Hörer kann dabei auch gar nicht auf dem Fest gewesen sein. Mit (12c) scheint der Sprecher anzunehmen, dass zwischen ihm und dem Hörer Einigkeit hinsichtlich der Sachlage besteht (vgl. Weydt 1969: 31).

Die letzte Sichtweise auf den Bedeutungsbeitrag von MPn, die wir hier betrachten wollen, ist, dass MPn **metapragmatische Instruktionen** leisten. Dieser Auffassung nach geben MPn dem Hörer Hinweise, wie die Äußerung im Kontext zu verstehen ist. Somit machen sie eine Aussage über die pragmatische Einordnung der Äußerung selbst (deshalb *meta+pragmatisch*). König (1997) geht hier dabei von drei Arten von Interpretationshinweisen aus. Eine Klasse von MPn liefert bei ihm einen Hinweis auf **Widersprüche**. Die MP *doch* z.B. verweist auf einen Widerspruch zwischen der neuen Information in der *doch*-Äußerung und einer vorliegenden Annahme. In (13) steht das Angebot von A im Widerspruch zu dem Termin, den A zu genau dieser Zeit hat.

(13) A: Ich könnte dich um 17 Uhr abholen.
B: Um 17 Uhr hast du **doch** eine Besprechung. (König 1997: 67)

Andere MPn geben dem Hörer Hinweise, wie die Äußerung zu interpretieren ist, indem sie die **Stärke einer Annahme** anzeigen und welche **Evidenz** vorliegt. König (1997) ordnet hier z.B. *ja* zu. Es zeigt an, dass für eine Aussage klare Evidenz vorliegt. In diesem Sinne wird der Inhalt der Äußerung mit Sicherheit präsentiert. Der Grund für diese Evidenz kann unterschiedlich aussehen: Sie kann auf Hintergrundwissen von Sprecher und Hörer basieren (vgl. (14)), aber auch auf einer geteilt wahrgenommenen Situation beruhen (vgl. (15)).

(14) a. Schließlich geht es **ja** uns alle an.
b. Heisenberg, dem wir **ja** diese Erkenntnis verdanken.

(15) a. Dein Mantel ist **ja** ganz schmutzig.
b. Paul hat **ja** noch gar nicht bezahlt. (König 1997: 69f.)

Andere MPn wiederum kodieren **inferenzielle Verbindungen**, das heißt, sie verweisen darauf, dass bestimmte Zusammenhänge zwischen dem Vorgängerkontext und der MP-Äußerung bestehen. Die MP-Äußerung zeigt dann eine Vorbedingung, einen Grund oder eine Folgerung an. Die MP *schon* z.b. stellt in Aussagen einen Bezug zu allgemeinen Bedingungen her, die man auch anfügen könnte.

(16) Das schaffen wir **schon**. (Wir haben das bisher noch immer geschafft.)

(König 1997: 66)

(16) wäre dann zu verstehen im Sinne von: ‚Wenn wir es bisher immer geschafft haben, schaffen wir es auch diesmal.'

Aufgabe 4: Welchem der drei Instruktionstypen ordnen Sie die MPn *auch*, *eben*, *etwa*, *erst*, *einfach* und *vielleicht* in Verwendungen wie in (a) bis (f) zu?

a. A: Ich war am Wochenende richtig platt.
B: Du hast **auch** die ganze Woche hart gearbeitet.

b. A: Ich komme immer zu spät zur Orchesterprobe.
B: Dann geh **eben** früher los!

c. Machst du die Wanderung **etwa** nicht mit?

d. Am Jahnplatz zu wohnen ist laut? Übernachte mal in Manhattan. Da ist es **erst** laut!

e. A: Jetzt habe ich schon wieder so ein großes Seminar.
B: Du bist **einfach** zu nett.

f. Das war **vielleicht** eine Arbeit!

Damit haben wir drei konkrete Auffassungen gesehen, die man herausgreifen kann aus den vielen Beschreibungen zur Bedeutung von MPn. Die drei Sichtweisen schließen sich nicht aus, sie heben eher verschiedene Gesichtspunkte hervor.

Bei solchen Versuchen, die Bedeutung von MPn zu erfassen, interveniert hin und wieder das Problem, dass die Bedeutung der MPn vermischt wird mit anderen Bedeutungsaspekten. Zur Bedeutung einer Äußerung leisten verschiedene sprachliche Mittel ihren Beitrag. Eine Schwierigkeit ist deshalb, tatsächlich den reinen Beitrag einer MP auszusondern, wenn man ihre Bedeutung beschreiben möchte.

4.2 Probleme bei der Bedeutungsbestimmung

Beispielsweise gibt es Fälle, bei denen es so aussieht, als würde die MP-Bedeutung nicht gut vom Beitrag des **Satz-** beziehungsweise **Äußerungstyps** getrennt. Den Äußerungen ohne MPn scheint in solchen Fällen genau die gleiche Interpretation zuzukommen wie den Äußerungen mit MPn. Angeführt werden hier z.B. (17a) und (17b).

(17) a. Wie war **doch** ihr Name?
      b. Wie war ihr Name?   (Karagjosova 2004: 38)

Für *doch* in Ergänzungsfragen wird in Helbig (1990: 114) angenommen, dass es anzeigt, dass der Sprecher eigentlich die Antwort weiß, sich im Moment aber nicht erinnern kann und die Antwort deshalb erneut vom Hörer zu erhalten beabsichtigt. Wenn für diese Interpretation tatsächlich das *doch* verantwortlich ist, ist die Frage, inwiefern die Frage ohne *doch* von dieser Interpretation abweicht. Man hat den Eindruck, dass sie zu genau denselben Zwecken eingesetzt wird. Dann kann dieser Bedeutungsanteil aber nicht (nur) von der MP kommen (vgl. Karagjosova 2004: 38).

Ein anderer, parallel gelagerter Fall findet sich in (18).

(18) Dass er **auch** gerade heute kommt!   (Karagjosova 2004: 39)

Tritt *auch* in Ausrufen auf wie in (18), ist angenommen worden (vgl. Helbig 1990: 90f.), dass der ausgedrückte Sachverhalt bestätigt und zusätzlich eine Bewertung ausgedrückt wird. Diese Bewertung entspricht dem ausgelassenen Hauptsatz, den man sich denken könnte.

(19) Es ist leider/glücklicherweise so, dass er gerade heute kommt.

Wieder würde man der gleichen Äußerung ohne die MP keine andere Interpretation zuschreiben (vgl. Karagjosova 2004: 39).

(20) Dass er gerade heute kommt!

Ein anderer Aspekt, bei dem es zu Vermischungen mit der MP-Bedeutung kommen kann, ist der **Kontext**. Der MP *ja* wurde z.B. zugeschrieben, eine kausale Relation zwischen der MP-Äußerung und dem Vorgängerkontext vorauszusetzen (vgl. Dahl 1985: 133). In (21) begründet die *ja*-Äußerung das ausbleibende Schwimmengehen.

(21) Ich gehe nicht schwimmen, das Wasser ist **ja** noch zu kalt.

                                              (Karagjosova 2004: 45)

Die kausale Interpretation scheint aber auch nicht auf die MP zurückzugehen, denn auch, wenn man sie auslässt, wertet man den zweiten Satz als Begründung des ersten.

(22) Ich gehe nicht schwimmen, das Wasser ist noch zu kalt.

Es ist eine bekannte Annahme, dass Sprecher bei der Interpretation von Sätzen versuchen, möglichst enge semantische Relationen zwischen ihnen anzunehmen, wenn kein expliziter Hinweis auf die Interpretation über **Kohäsionsmittel** (vgl. Averintseva-Klisch 2013: Kapitel 2) vorliegt. Die kausale Relation ist eine solche enge Verbindung. Wenn zwei Sachverhalte, die kausal aufeinander bezogen werden können, aufeinander folgen, tendieren Sprecher dazu, von dieser Relation auszugehen.

Ferner handelt es sich bei der Kausalität auch nicht um einen Bedeutungsanteil, der in jeder Aussage mit *ja* auftritt (vgl. Karagjosova 2004: 45). Wenn z.b. keine andere Äußerung vorweg geht (vgl. (23)), scheint es schwierig, Kausalität in eine *ja*-Assertion hineinzulesen.

(23) Tage können **ja** sehr unterschiedlich beginnen. Zuweilen tun sie es mit schlechten Nachrichten, manchmal aber auch mit einer Überraschung, die man den ganzen Tag nicht vergisst. […]
            (Braunschweiger Zeitung, 09.01.2009)

Ein weiterer Fall, bei dem einer MP eine Bedeutung zugeschrieben wird, obwohl diese auf die konkrete Dialogsituation zurückführbar ist, wird durch (24) illustriert.

(24) A: Peter kommt auch mit.
        B: Er liegt **doch** im Krankenhaus.   (Karagjosova 2004: 48)

Als Bedeutungsbeitrag der *doch*-Äußerung wurde hier angenommen, dass B A kritisiert und korrigiert, weil A etwas annimmt, das dem widerspricht, auf das A und B sich schon geeinigt haben (nämlich dass Peter im Krankenhaus liegt). Wenn A annimmt, dass Peter mitkommt, scheint A nicht davon auszugehen, dass Peter im Krankenhaus liegt. Dazu drücke der Sprecher mit der *doch*-Äußerung einen Vorwurf aus (vgl. Helbig 1990: 112). Sowohl Korrektur als auch Vorwurf scheinen hier aber an den konkret vorliegenden Konstellationen zu hängen und haften nicht der MP *doch* inhärent an. Hat man es z.b. mit einem Kontext zu tun, in dem es keine vorweg gehende Äußerung gibt, die man korrigieren kann, geht mit der *doch*-Äußerung auch keine Interpretation der Korrektur oder des Vorwurfs einher (vgl. Karagjosova 2004: 46).

(25) Ich fahre **doch** nächste Woche nach Wien und wollte dich fragen, ob du
mitkommen willst.   (Karagjosova 2004: 46)

Andere Faktoren, die hier ebenso mit der MP-Bedeutung vermischt
werden könnten, sind die **Intonation** oder auch der **Inhalt** der Äußerungen. Über *doch* in Imperativen wird z.b. gesagt (vgl. Helbig
1990: 113), dass es bewirkt, dass die Äußerung vorwurfsvoll, genervt oder ungeduldig klingt.

(26) Red **doch** keinen Unsinn!   (Karagjosova 2004: 57)

Mit entsprechender Intonation wirkt (27) aber nicht weniger vorwurfsvoll, genervt oder ungeduldig (vgl. Karagjosova 2004: 57).

(27) Red keinen Unsinn!   (Karagjosova 2004: 57)

In (28) und (29) gelangt über den Inhalt der Sätze genau die Bedeutung in die Äußerung, die als Beitrag der MPn angenommen wird
(vgl. Ickler 1994: 380).

(28) Sie wissen **ja**, daß er nächste Woche operiert wird.
      ja: Bekanntheit des Sachverhalts für den Hörer

(29) Da kann man **halt** nichts machen.
      halt: Einsicht des Sprechers in die Unabänderlichkeit des geäußerten
      Sachverhalts   (Ickler 1994: 380)

Dies muss natürlich nicht heißen, dass die Bedeutungszuschreibung
deshalb falsch ist, es ist aber ungeschickt, sie anhand derartiger Beispiele belegen zu wollen.

Die Beobachtung, dass manchmal möglicherweise nicht sauber
getrennt wird zwischen den verschiedenen Mitteln, die an der Bedeutung einer Äußerung teilhaben, hängt zusammen mit einer gene-
relleren Debatte rund um die Beschreibung der Bedeutung von
MPn. Es handelt sich dabei um die Frage, wie abstrakt oder konkret
so eine Bedeutungsangabe sein kann/darf/muss.

4.3   Bedeutungsminimalismus und -maximalismus

Wir haben gesehen, dass man es bei fast allen MPn mit gleichlautenden Formen in anderen Wortarten zu tun hat. Bei *doch* z.B. mit
Antwortpartikel, Konjunktion und Adverb.

(30) A: Geht die Heizung immer noch nicht?
      B: **Doch** (, sie geht wieder).   (Antwortpartikel)

(31) Die Mieterin wollte heiß duschen, **doch** das Wasser war kalt.
                                    (= aber, jedoch) (Konjunktion)

(32) (Auch wenn sie eigentlich keine Zeit hat,) hat sie **doch** Urlaub gebucht.

(= dennoch, trotzdem) (Adverb)

Vor dem Hintergrund der Heterosemie (vgl. Kapitel 3.3) hat man es folglich mit Varianten von *doch* zu tun. Dazu kommt, dass es auch innerhalb der MPn Auftretensvarianten gibt. Die Sätze in (33) unterscheiden sich im Äußerungstyp (Aussagen in (33a) und (33b), Aufforderungen in (33c), Fragen in (33d) und (33e), Wunsch in (33f), Ausruf in (33g)).

(33) a. Wir wollen **doch** heute abend ins Theater gehen. […]
      b. Das können wir **doch** so nicht machen.
      c. Sprechen Sie **doch** mal mit dem Arzt!
      d. Wer war das **doch** gleich?
      e. Sie trinken **doch** auch ein Glas Bier?
      f. Wenn wir **doch** bald in den Urlaub fahren könnten.
      g. Wie klug er **doch** ist!   (Helbig 1990: 111ff.)

Auch weitere Differenzierungen sind möglich. Allein die Aussagen könnte man weiter dahingehend unterscheiden, ob ein Sprecherwechsel beteiligt ist (vgl. (34)) oder eine monologische Verwendung vorliegt (vgl. (35)), die *doch*-Äußerung eine Reaktion darstellt (vgl. (34)) oder den ersten Beitrag im Dialog ausmacht (vgl. (36)).

(34) A: Maria kommt auch mit. – B: Sie ist **doch** verreist.
(35) Ich habe wieder Schnupfen. Dabei lebe ich **doch** ganz vernünftig.
(36) Ich fahre **doch** nächste nach Wien. Kommst du mit?

(Karagjosova 2004: 65/46/65)

Das heißt, auf verschiedenen Wegen ergibt sich eine gewisse Palette von Auftretenskontexten, wobei sich die letzten vier genannten Differenzierungen kontextuell ergeben, nämlich aus der jeweiligen Dialogstruktur. Weitere Fälle könnte man hier eröffnen.

Die Frage, die sich stellt, ist, als wie selbständig diese Varianten zu behandeln sind, die man bei jeder MP annehmen muss. In dieser Diskussion stehen sich grundsätzlich die sogenannte **bedeutungsmaximalistische** und **bedeutungsminimalistische Auffassung** gegenüber. Unter einer maximalistischen Sichtweise werden diverse, voneinander abweichende Bedeutungen einer Form angenommen. Minimalistisch wird von einer invarianten Grundbedeutung ausgegangen und die Variation wird auf andere beteiligte Faktoren zurückgeführt. Eine sehr extreme maximalistische Auffassung wäre, dass man für jede Verwendung der MP und alle gleichlautenden Formen ein eigenes Lexem ansetzt. In unserem Beispiel müsste man allein schon von 13 verschiedenen *doch*s ausgehen und 13 Bedeutungen, die man nicht als aufeinander bezogen versteht. Entscheidenderweise gibt es keine Kernbedeutung, die alle Varianten teilen. Ein Bedeutungsmaximalist müsste sich bei unserer Frage in Kapitel 3.3 für die Homonymie aussprechen. Eine sehr extreme minimalistische Sicht wäre es, dass man eine einzige abstrakte Bedeutungszuschreibung für die MPn und die Heteroseme angeben kann. Das heißt, es ist möglich, *eine* Bedeutung anzugeben für die MP *doch*, das Adverb, die Konjunktion und die Antwortpartikel. Wenn die MP dann noch in verschiedenen (Satz)kontexten auftritt, fallen diese ebenfalls unter die abstrakte Grundbedeutung. Man müsste für eine polyseme Relation zwischen den MP-Varianten argumentieren. Die dennoch beobachtete Variation (Kontexte, Äußerungstypen) gilt es dann auf genau die variierten Faktoren (Kontexte, Äußerungstypen) zurückzuführen, entscheidenderweise aber nicht auf verschiedene Bedeutungsbeiträge der Partikeln.

Die meisten Autoren vertreten eine Position zwischen diesen beiden Extremen. Eine Grundbedeutung (zumindest für die MPn) nehmen meines Erachtens die meisten Autoren an. Die oben angesprochene Verbindung zu Abschnitt 4.2 ergibt sich dadurch, dass mit diesen zwei Sichtweisen einhergeht, dass unklar ist, welche Bedeutungseffekte tatsächlich den MPn zugeschrieben (= Grundbedeutung) und welche Effekte auf andere Mittel zurückgeführt werden sollten. Maximalistische Ansätze entstehen oftmals genau dadurch, dass Aspekte, die auf (Satz)kontext, Intonation oder Inhalt zurückzuführen sind, zum Teil der MP-Bedeutung gemacht werden – wo ein Minimalist eine einzige Bedeutungszuschreibung vornehmen und die übrigen Bedeutungseffekte herausrechnen und anderen Mitteln zuweisen würde. Um die beiden Positionen konkreter zu illustrieren, wollen wir anhand von *doch* für beide Sichtweisen die Bedeutungszuweisung skizzieren.

Die Ausführungen von Helbig & Kötz (1981: 33f.) können hier auf maximalistischer Seite eingeordnet werden. Die *doch*-Auftretensweisen werden in *doch*$_1$ bis *doch*$_7$ jeweils festgehalten. In (37) bis (39) werden *doch*$_1$, *doch*$_2$ und *doch*$_5$ den jeweiligen Beispielsätzen zugeordnet.

(37)   Er arbeitet **doch** fleißig. (oder etwa nicht?)

> *doch*$_1$ (unbetont) in Aussagesätzen drückt eine Bestätigung (= *wirklich*, *tatsächlich*) aus, die der Sprecher auf den Hörer zu übertragen versucht, der dadurch die gleiche Einstellung wie der Sprecher zu dem Gesagten einnehmen soll. [...]

(38)   Wo arbeitest du **doch**? (Ich habe es vergessen.)

> *doch*$_2$ (unbetont) […] drückt eine Verstärkung durch Erinnerung an Bekanntes, aber Vergangenes und in Vergessenheit Geratenes aus, das auf

diese Weise vom Sprecher ins Bewusstsein zurückgerufen und auf den Hörer übertragen werden soll.

(39) a. Käme der Brief **doch** bald! (= nur, bloß). Ich wünsche es mir dringend.

       b. Hilf deinen Eltern **doch**! (= endlich). Es wird höchste Zeit.

doch$_5$ in Sätzen mit Ausrufeintention (unabhängig vom formalen Äußerungstyp) oder Aufforderungsintention ist unbetont und kann eine Verstärkung von Wünschen und Aufforderungen darstellen.

(Helbig & Kötz 1981: 33f.)

Aus diesem Ausschnitt wird deutlich, dass die für *doch*$_1$, *doch*$_2$ und *doch*$_5$ angenommenen Bedeutungen wenig miteinander zu tun haben beziehungsweise kein Versuch unternommen wird, sie in einen Zusammenhang zu bringen. Sie stehen eher isoliert nebeneinander.

Diesem Vorschlag gegenüberstellen kann man die bedeutungsminimalistische Auffassung der gleichen Partikel nach König (1997: 67ff.). Er setzt die sehr viel schlankere Bedeutung für *doch* an, dass diese MP auf Widersprüche verweise. In (40) liegt ihm zufolge ein Widerspruch vor zwischen der Besprechung um 17 Uhr und dem Angebot, zu genau dieser Uhrzeit B abzuholen.

(40) A: Ich könnte dich um 17 Uhr abholen.

       B: Um 17 Uhr hast du **doch** eine Besprechung.   (König 1997: 67)

(41) werde verwendet, wenn der Hörer die Möglichkeit hatte, die Handlung auszuführen, es aber nicht getan hat.

(41) Ruf ihn **doch** an.   (König 1997: 67)

Der Widerspruch ergibt sich zwischen der Möglichkeit (oder Pflicht, Konvention) und dem Ausbleiben der Handlung. Für das Auftreten von *doch* in der Ergänzungsfrage in (42) gilt, dass sich der Widerspruch ergibt aus dem Wissen, das der Sprecher mal besaß und der Tatsache, dass er sich zum Äußerungszeitpunkt nicht erinnern kann.

(42) Wie hieß er **doch** gleich wieder?   (König 1997: 68)

Und bei den Sätzen in (43) entsteht der Widerspruch zwischen dem Wunsch des Sprechers und der Beschaffenheit der Wirklichkeit.

(43) a. Wenn er **doch** endlich käme!

       b. Hätte er **doch** auf mich gehört!   (König 1997: 69)

Der Hinweis auf Widersprüche gilt nach Königs Auffassung folglich für alle MP-Auftreten von *doch*. Wir sehen hier, dass sich die Widersprüche je nach Satztyp auf etwas andere Art ergeben. Dies ist aber nicht dem *doch* selbst zuzuschreiben. Das *doch* leistet nach dieser Vorstellung jeweils den gleichen Beitrag. Natürlich können *doch*-Äußerungen auch verschiedene kontextuelle Effekte haben. Mit ihnen kann Kritik ausgedrückt werden, was nicht verwunderlich ist, wenn zwei Dinge als inkompatibel ausgegeben werden. Auch dass *doch*-Äußerungen oftmals die Reaktion des Hörers verlangen, scheint plausibel: Der Gesprächspartner reagiert, wenn man darauf verweist, dass sein Vorgängerbeitrag und der MP-Beitrag im Widerspruch zueinander stehen. Oft liest man auch, der Hörer kenne den Sachverhalt einer *doch*-Äußerung schon. Weist man darauf hin, dass eine neue Annahme im Widerspruch zu einer anderen steht, ist es auch plausibel, dass die andere eine Hintergrundannahme ist, die der Hörer schon kennt (vgl. König 1997: 69).

Fest steht, dass jede Bedeutungsbeschreibung auf irgendeinem Wege dafür aufkommen muss, dass MPn in verschiedenen Satzbeziehungsweise Diskurskontexten auftreten. Das heißt, auch wenn man eine abstrakte Zuschreibung vornimmt, muss man natürlich trotzdem die Einzelverwendungen auffangen können. Wenn man andererseits die Meinung vertritt, es gebe eine Reihe verschiedener *doch*s mit je eigener Bedeutung, die nicht in Relation zueinander stehen, muss man sich die Frage gefallen lassen, warum sich die Effekte auch überlappen. Eine abstrakte Beschreibung, die die konkreten Fälle nicht erfassen kann, ist genauso wenig zu gebrauchen wie eine sehr detaillierte Beschreibung, die pro Auftretenskontext eine eigene Bedeutung ansetzt. Das heißt, Vertreter der einen Sichtweise müssen die Unterschiede auffangen, Vertreter der anderen die Gemeinsamkeiten. Zwischen diesen beiden Anforderungen bewegen sich deshalb alle Ansätze, die hier eine Bedeutungszuschreibung vorschlagen. Neuere Ansätze vertreten überwiegend die minimalistische Sicht.

Grundbegriffe: Illokutionstypmodifikator, Sprechereinstellung, metapragmatische Instruktion, Bedeutungsminimalismus/-maximalismus

Weiterführende Literatur: Diskussion zu den drei Auffassungen findet sich in Ickler (1994: 375ff.), König (1997: 58ff.), Ormelius-Sandblom (1997: 75ff.) und Autenrieth (2002: 14ff.). Zum Bedeutungsminimalismus vs. -maximalismus vgl. Waltereit (2006: 9ff.) und allgemeiner Posner (1979).

5. Die interne Syntax von MPn

In diesem Kapitel wird die **interne syntaktische Struktur** von MPn behandelt. Die Bezeichnung *intern* meint, dass der syntaktische Status der MPn selbst betrachtet wird. Gegenstand dieses Kapitels ist somit die Frage: Um was für eine Art von syntaktischem Objekt handelt es sich bei einer MP?

5.1 Sind MPn lexikalische oder funktionale Einheiten?

Wörter lassen sich einer bestimmten Wortart zuordnen (Verb, Nomen, Adjektiv etc.), Phrasen werden von einer Wortart geprägt (Verbalphrase [VP], Nominalphrase [NP], Adjektivphrase [AP] etc.). In der Fachliteratur wird hier weniger von Wortarten, sondern von **syntaktischen Kategorien** gesprochen. Und man unterscheidet weiter zwischen **lexikalischen Kategorien** wie N (Nomen), A (Adjektiv), V (Verb) und P (Präposition) und **funktionalen Kategorien** (z.B. PRN (Pronomen), C (Konjunktion), D (Artikel)). Lexikalische Kategorien weisen semantischen Inhalt auf, der sich in der Regel einfach angeben lässt (z.B. *Baum* (N), *laufen* (V), *schön* (A)). Funktionale Kategorien hingegen haben eine Funktion im Satz, das heißt, sie erfüllen eine Aufgabe der Grammatik (z.B. ein Pronomen wie *er* dient dem Bezug auf eine an anderer Stelle eingeführte volle NP, eine Konjunktion wie *dass* zeigt an, dass es sich um einen eingebetteten Satz handelt).

Es gibt eine Sichtweise, die davon ausgeht, dass alle Phrasen (egal ob durch funktionale oder lexikalische Kategorien geprägt) dem gleichen Strukturplan folgen. Dieser wird durch die sogenannte **X-bar-Theorie** bestimmt (vgl. (1)).

(1)

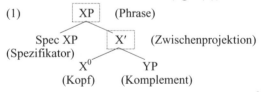

Phrasen haben immer einen **Kopf** (hier X^0), der die wesentlichen Eigenschaften der gesamten Phrase bestimmt. Man sagt, der Kopf **projiziert** die Phrase. Eine Phrase weist zwei Ebenen auf (X' und XP), wobei die Komplexität innerhalb einer Phrase von X' zu XP zunimmt. Auf der unteren Ebene verbindet sich der Kopf mit seinem **Komplement** (einer Phrase einer anderen Kategorie; hier YP), das der Kopf fordert. Auf der oberen Ebene befindet sich die **Spezi-fikatorposition** (hier Spec XP), die nicht immer besetzt ist.

Sowohl die Köpfe von lexikalischen als auch von funktionalen Kategorien projizieren Phrasen entsprechend dem Schema in (1).

(2) a.   AP   b.   DP

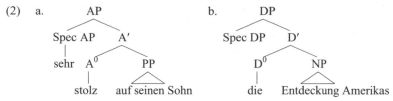

Vor dem Hintergrund der Unterscheidung zwischen lexikalischen und funktionalen Kategorien ist eine Frage, die sich stellt, ob MPn eine lexikalische oder funktionale Klasse bilden.

In (3) sind klassische Eigenschaften von funktionalen Kategorien gelistet (nach Abney 1987: 64f.), bei denen wir uns fragen können, inwieweit sie auf MPn zutreffen.

(3) a. Funktionale Elemente bilden eine geschlossene Klasse.
     b. Funktionale Elemente sind phonologisch und morphologisch abhängig, unbetont und manchmal phonologisch gar nicht realisiert.
     c. Das Komplement von funktionalen Elementen ist kein Argument.
     d. Funktionale Elemente sind von ihrem Komplement untrennbar.
     e. Funktionalen Elementen fehlt es an deskriptivem Gehalt.

Kriterium a) trifft auf MPn sicherlich zu. Es können nicht ad hoc neue MPn gebildet werden – anders als z.b. Adjektive (*der streitvolle Bürgermeister*, anstatt des üblichen *streitlustige/streitsüchtige*) oder Verben (*Wir entmüden uns hier nun bei einem Tee.* statt *ausruhen/erholen*). Kriterium b) trifft mit Einschränkung auf MPn zu. Sie sind zwar nicht phonologisch/morphologisch abhängig wie beispielsweise Affixe (z.b. *be-fahren*, *be-grüßen* etc. oder *Lad-ung*, *Land-ung* etc.), doch zählt es zu den ihnen typischerweise zugewiesenen Eigenschaften, nur unbetont aufzutreten. Die Partikel *denn* weist zudem eine phonologisch reduzierte Form auf (*Wann landest du'n/denn in Frankfurt am Sonntag?*). Geht man auch von betonten MPn aus, muss man das Zutreffen der Eigenschaften aus b) allerdings gänzlich abschreiben. Weiter kann man über MPn nicht sagen, dass sie ein Argument fordern wie es z.b. manche Verben (*Peter kauft *(einen Glasteller).*) oder Adjektive tun (*Peter ist sich *(keiner Schuld) bewusst.*). Das heißt, es gibt kein Element im Satz, dessen obligatorisches Auftreten durch eine MP bedingt ist. Kriterium c) trifft auf MPn folglich zu. Der Aspekt in d) trifft auf MPn nicht zu. Da die meisten MPn völlig fakultativ im Satz sind, können sie offensichtlich von ihrem Bezugselement getrennt werden. Das Kriterium in e) trifft wiederum eindeutig zu. MPn weisen keinen deskriptiven Gehalt auf, der vergleichbar wäre mit dem lexikalischen Inhalt von Nomen, Adjektiven oder Verben. Dies heißt natürlich nicht, dass sich für MPn gar keine wörtliche Bedeutung angeben lässt, aber wie wir gesehen haben, handelt es sich hierbei um recht abstrakte Bedeutung, die sich deutlich schwieriger fassen lässt als der Inhalt von eben genannten lexikalischen Kategorien (vgl. Meibauer 1994: 53, Struckmeier 2014: 24).

Wenngleich nicht alle der fünf Kriterien aus (3) von der Klasse der MPn erfüllt werden, so lassen die Eigenschaften, i) eine geschlossene Klasse aufzumachen, ii) in der Regel unbetonbar zu sein, iii) kein Argument zu selegieren sowie iv) einen abstrakten Bedeutungsbeitrag zu leisten, ihre Zuordnung zur funktionalen Klasse plausibler erscheinen als die alternative Klassifikation als lexikalische Kategorie.

5.2 Der genaue Status der MPn

Auch wenn sicherlich bereits eine Erkenntnis gewonnen ist, wenn wir uns dafür entscheiden, MPn zur Klasse der funktionalen Elemente zu rechnen, ist damit dennoch noch nicht die Frage nach ihrem konkreten syntaktischen Status beantwortet. Der Strukturbauplan aus (1) lässt allein schon die Möglichkeiten offen, ob man es bei MPn mit Köpfen oder Phrasen zu tun hat und wenn mit Phrasen, ob mit Komplementen, mit Spezifikatoren oder auch Adjunkten. Adjunkte sind **valenzfreie Elemente**, das heißt Elemente, die nicht vom Kopf gefordert sein können. Sie stehen in einer **Adjunktionsposition** an eine XP. Die Position entsteht dadurch, dass der oberste Knoten der Phrase verdoppelt wird. Die Komplexität der Phrase bleibt durch diese Operation unverändert (vgl. (4)). Adjunkte sind z.B. **valenzfreie Adverbiale** (vgl. (5)).

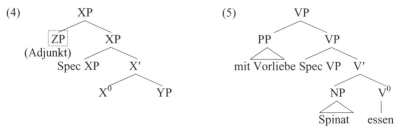

Zu funktionalen Elementen zählen auch nicht nur Phrasen und Köpfe, die eine gewisse Selbständigkeit im Satz aufweisen, sondern ebenso abhängigere Elemente wie **Klitika** oder **Affixe**. Auf diese Einheiten müssen die Eigenschaften aus (3) folglich ebenfalls (überwiegend) zutreffen. Affixe sind abhängige Morpheme wie in (6). Klitika sind ebenfalls abhängige Einheiten, die sich an ein anderes Wort anlehnen (vgl. z.B. die Beispiele in (7) aus der deutschen Umgangssprache), ohne ein Affix dieses Wortes zu sein. Ihnen kommt ein Status zwischen Affixen und Wörtern zu.

(6) a. <u>ver</u>-laufen, <u>be</u>-grüßen, <u>ent</u>-laden
    b. Krank-<u>heit</u>, glück-<u>lich</u>, straf-<u>bar</u>

(7) a. gibt=<u>s</u> (gibt es)
    b. hast=<u>e</u> (hast du)
    c. in=<u>er</u> (in der)

Eine übergeordnete Frage ist an dieser Stelle, ob wir bei MPn von selbständigen (Köpfen, Phrasen) oder unselbständigen funktionalen Einheiten (Klitika, Affixen) ausgehen müssen.

5.3 Unselbständige syntaktische Einheit: Affix oder Klitikon?

Für Klitika gilt, dass sie sich an einen **Wirt** (engl. **host**) anlehnen. Das finnische Klitikon *han* beispielsweise verkettet sich in (8a) mit dem Adjektiv *uuden*, in (8b) mit dem Nomen *auton*.

(8) a. Uuden=<u>han</u>   auton   hän   osti.
       neu:GEN-FOC *Auto*:GEN *er/sie kauf*:PAST(3.SG)
       ‚Es war ein NEUes Auto, das er/sie kaufte.‘
    b. Uuden   auton=<u>han</u>   hän   osti.
       neu:GEN *Auto*:GEN-FOC *er/sie kauf*:PAST(3.SG)
       ‚Es war ein neues AUto, das er/sie kaufte.‘   (Nevis 2000: 388)

Die Funktion dieses Klitikons ist die eines Kohäsionsmittels in gesprochener Sprache. Man findet deutsche Übersetzungen mit *allerdings*, *freilich*, *wohl*, *doch* und *ja*. Deutsche Strukturen wie in (9) sind angeführt worden, um für den Klitikstatus von MPn zu argumentieren. MPn können nie alleine (vgl. (10)), aber in Verbindung mit einem w-Pronomen im Vorfeld stehen. Daraus lässt sich ableiten, dass die beiden Elemente im Vorfeld in (9) in gewissem Sinne zu einer Einheit verschmelzen, das heißt, dass die MP sich an das w-Pronomen klitisch ‚anhängt‘.

(9) a. [Wer **schon**] will das?
    b. [Warum **auch**] hat er nicht die Polizei alarmiert?
    c. [Wozu **denn**] soll das gut sein?   (Meibauer 1994: 59)

(10) a. ***Schon** will das Hilde?
      b. ***Auch** hat er die Polizei nicht alarmiert, weil er Angst hatte?
      c. ***Denn** soll das gut sein für die Gesundheit?

Weitere Parallelen zwischen MPn und Klitika sind z.b., dass sich weder MPn noch klitische Pronomen koordinieren lassen (vgl. (11)) und dass sowohl MPn als auch Klitika nicht isoliert auftreten können. Das heißt, sie können z.b. keine Antworten auf Fragen darstellen.

(11) a. *Nimm dir **doch** und **ruhig** Urlaub im Mai!
      b. *… weil=<u>er</u> und <u>sie</u> nicht ins Kino wollten (*[vaelɐ]; sondern [vael'ˀe(ː)ɐ])
                                                            (Nübling 1992: 62)
(12) a. *Wie ist Paul krank? **Halt**.
      b. Wer steht dort? Antwort: *[ɐ]./<u>Er</u>. [eːʀ/eːɐ], aber: Dort steht=<u>er</u>. ['šteːtɐ]
                                                            (Nübling 1992: 62)

Andere für Klitika angenommene Charakteristika treffen auf MPn jedoch nicht zu. Man geht davon aus, dass Klitika auch eine phonologische Verbindung mit ihrem Wirt eingehen. Für das finnische Beispiel aus (8) gilt z.b., dass sich die Vokalqualität des Klitikons an der Vokalqualität des Wirtes ausrichtet. In (8b) liegen im Wirt *auton* nur hintere Vokale vor, weshalb das Klitikon als *han*, das heißt ebenfalls mit einem hinteren Vokal, realisiert wird. Treten im Wirt aber vordere Vokale auf, wie in *mitä* (*was*) (vgl. (13)), passt sich der Vokal des Klitikons dieser Vokaleigenschaft an und wird deshalb als *hän*, das heißt ebenfalls mit einem vorderen Vokal, realisiert.

(13) Mitä=<u>hän</u> tuolla tehdään?
      was-FOC *dort* *tu*:PRES.PASS
      ‚Was wird dort wohl getan?'   (Nevis 2000: 389)

Man spricht bei diesem Phänomen von **Vokalharmonie**. Eine phonologische Abhängigkeit von einem Wirt lässt sich für MPn generell und im Besonderen für die Verbindung aus w-Pronomen+MP im Vorfeld nicht nachweisen.

Ein weiterer Unterschied zwischen Klitika und MPn ist, dass MPn **Wortakzent** tragen können. Im Falle mehrsilbiger MPn (z.B. *eben*, *aber*, *etwa*) trägt eine Silbe (hier die erste) den Hauptakzent des Wortes, das heißt, sie ist die prominenteste Silbe innerhalb dieses Wortes. In einsilbigen MPn können auch lange Vokale auftreten (z.B. *ja* (/jaː/), *mal* (/maːl/), *eh* (/eː/)). Vokallänge ist eine Eigenschaft, die auf Wortakzent hinweist. Klitika hingegen sind immer akzentlos, weisen schwachtonige Vokale auf (wie [ə] und [ɐ]) und sind in der Regel einsilbig (vgl. Nübling 1992: 59), so dass es gar nicht zu unterschiedlichen Prominenzverhältnissen zwischen den Silben kommen kann. Für die Verbindung aus w-Wort+MP im Vorfeld gilt zudem, dass die MP in dieser Position betont werden kann, das heißt, sie kann somit sogar die prominenteste Silbe des Satzes ausmachen.

(14) A: Einer will das, aber ich weiß nicht wer. Fritz ist es nicht, Nastassja auch nicht.
      B: Wer **DENN** will das?   (Meibauer 1994: 59)

Klitika sind unbetonte Einheiten, die nicht einmal Wortakzent tragen. Die Betonbarkeit von *denn* in einer Struktur wie (14), die gerade als Evidenz für den Klitikstatus von MPn angeführt wird, spricht folglich deutlich gegen diese Zuordnung.

Wenngleich sich Argumente anführen lassen, die gegen den Klitikstatus von MPn sprechen, schließt dies nicht aus, dass es klitische MPn gibt.

(15) Was is'**n** los?   (Meibauer 1994: 60)

Die Tatsache, dass *denn* selbst eine klitische Form aufweist, spricht dazu schon gegen die Annahme, dass MPn Klitika sind, da man ansonsten davon ausgehen müsste, dass Klitika selbst wiederum klitische Formen aufweisen. Derartige Fälle sind für andere als Klitika eingestufte Elemente aber nicht bekannt.

Die Übertragung typischer Eigenschaften von Klitika auf MPn (vgl. Meibauer 1994: 56ff.) hat gezeigt, dass für MPn nicht die Klitika prinzipiell zugeschriebene syntaktische Abhängigkeit anzunehmen ist. Wie eingangs angesprochen, kommt Klitika ein Status zwischen Affixen und Wörtern zu. Da wir bei Wörtern von selbständigen Einheiten ausgehen, während Affixe stets nur gebunden auftreten können, weisen Affixe plausiblerweise einen umso höheren Grad von Unselbständigkeit auf. Die bisherige Untersuchung lässt folglich unwahrscheinlich erscheinen, dass MPn als funktionale Elemente den Affixen zuzuschreiben sind. Wir verfolgen diese Argumentation deshalb nicht weiter. Stattdessen fragen wir uns, ob wir annehmen können, dass MPn selbständige Einheiten sind, die als Köpfe oder Phrasen Positionen im Strukturaufbau einnehmen.

5.4   Selbständige syntaktische Einheit: Kopf oder Phrase?

Als Argument für den Kopfstatus von MPn ist die uns schon bekannte Beobachtung angeführt worden, dass MPn nicht alleine im Vorfeld stehen können (vgl. (10)), da in dieser Position nur eine

Phrase erlaubt ist. Die übliche Generalisierung sieht vor, dass nur Phrasen im Vorfeld stehen können. Andererseits haben wir auch schon gesehen, dass MPn in Verbindung mit einer w-Phrase im Vorfeld stehen können (vgl. (9)). Auch diese Option stellt sich für andere Köpfe nicht (z.b. Konjunktionen, Artikel, finite Verben). Dazu lassen sich einige theoretische Argumente anführen, die gegen eine Klassifikation von MPn als Köpfe sprechen. Ein Aspekt betrifft z.b. die Frage, wie man sich die Integration der MP-Köpfe in die syntaktische Struktur genau vorzustellen hat. Denkbar wäre, dass die MP als Kopf (in gleicher Weise wie in (4) und (5) für Phrasen gezeigt) an einen anderen Kopf in der Struktur adjungiert (vgl. (16)). Welcher das ist, ist eine Frage, die man beantworten müsste. Treten in einem Satz mehrere MPn auf, müssten beide an den Kopf adjungieren (vgl. (17)).

Dies stellt an sich noch kein Problem dar, da auch Adjunktion von Adverbialen prinzipiell beliebig häufig erfolgen kann (vgl. (18)).

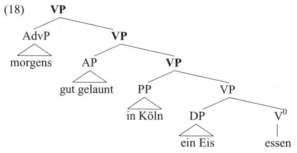

Probleme bereiten allerdings Sätze wie in (19).

(19) A: Beurteilen Sie Ihre Verpflichtung von damals in einem anderen Licht als vor sieben Jahren?
B: (Sicher) vor allem deshalb, weil es **ja** *bei jedem Menschen* **wohl** eine gewisse Entwicklung gibt.   (Ormelius-Sandblom 1997: 40)

Die Phrase *bei jedem Menschen* müsste in der Struktur zwischen den beiden MPn positioniert werden (vgl. (20)).

48

(20)

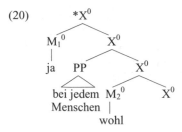

Es gibt aber ein syntaktisches Prinzip, das die Adjunktion von Phrasen an Köpfe unterbindet (vgl. Chomsky 1992: 33). Mit anderen Worten können nur Elemente des gleichen syntaktischen Status die Operation der Adjunktion mitmachen: Zulässig ist die Adjunktion eines Kopfes an einen anderen Kopf, einer Phrase an eine Phrase. Da derartige Sätze üblich sind und damit syntaktisch ableitbar sein müssen, lassen sich MPn folglich nicht als adjungierte Köpfe auffassen. Ebenfalls gegen den Kopfstatus von MPn spricht, dass Köpfe normalerweise die thematischen Verhältnisse (**Theta-/θ-Raster**) vorgeben, das heißt, sie führen die **thematischen Rollen (Theta-/θ-Rollen)** ein, die von den Argumenten in den projizierten Phrasen realisiert werden (vgl. (21)). MPn vergeben allerdings keine thematischen Rollen und würden sich in dieser Hinsicht als Köpfe recht untypisch verhalten.

(21)

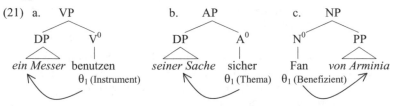

Dies gilt ebenso für die Eigenschaft, dass Köpfe in der Regel nur *einen* Typ von Komplement **selegieren**, z.B. selegiert ein Artikel (D^0) eine Nominalphrase (NP) (*[die [$_{NP}$Ostküste der USA]]*), eine Konjunktion (C^0) einen Satz (IP) (*[weil [$_{IP}$Maria dringend Urlaub braucht]]*). Im Falle des MP-Kopfes wäre die Komplementselektion dann variabel. Es könnte sich z.B. um eine Verbalphrase (VP) handeln *([weil Maria ja [$_{VP}$nach Hause geht]])* oder um eine Determiniererphrase (DP) (*[$_{DP}$Was für Leute] denn hast du eingeladen?*).

Wenngleich es nicht unmöglich ist, diese für Köpfe eigentlich untypischen Eigenschaften aufzufangen (vgl. Meibauer 1994: 54, Ormelius-Sandblom 1997: 40), so machen sie eine direkte Zuordnung der MPn zu reinen Köpfen dennoch unplausibel.

49

Nachdem wir nun Klitika (und Affixe) sowie Köpfe für den MP-Status ausgeschlossen haben, bleibt aus den üblichen Kategorien nur noch die **Phrase** übrig. Gegen diesen Status der MPn lässt sich auch sofort anführen, dass MPn nicht im Vorfeld stehen können und nicht erweiterbar sind (vgl. (22) und (23)).

(22) a. *Halt habe ich keine Zeit.
b. *Gefälligst komm nach Hause!
c. *Eh hat Maria kein Geld dafür.

(23) a. *Mann, ich war außerordentlich [vielleicht] ein Idiot!
b. *Ach, wären sehr [nur] das ganze Jahr Semesterferien!

Beide Eigenschaften treffen auf Phrasen normalerweise zu (vgl. (24) und (25)).

(24) a. [Das Meer] erfreut Astrid, Nils und Agathe.
b. [Entlang des Flusses] sind die Freunde gewandert.
c. [Dem König treu] ist der Diener.

(25) a. Anika hat sich außerordentlich [über die neue Stelle gefreut].
b. Ich komme dich sehr [gerne] besuchen.

Es ist aber auch der Fall, dass es andere sprachliche Ausdrücke gibt, die sich ebenfalls nicht erweitern lassen, und die aber im Vorfeld stehen können, weshalb man ihnen ihren Phrasenstatus nicht absprechen würde (vgl. (26)).

(26) a. Sicherlich wird sie morgen da sein.
b. *Sehr/gerade sicherlich wird sie morgen da sein.

(Ormelius-Sandblom 1997: 43, Fn 87)

Aus dieser Sicht muss die unmögliche Erweiterbarkeit nicht zum Absprechen des Phrasenstatus führen. Es kann hierfür andere Gründe geben. Gleiches kann für die unmögliche Positionierung im Vorfeld angenommen werden.

Angenommen, man fasst MPn (in gewissem Sinne per Ausschlussverfahren) als Phrasen auf, ist noch nicht die Frage geklärt, wo sie als solche dann in der syntaktischen Struktur zu verankern sind. Denkbar ist die Komplement- (a), Spezifikator- (b) oder Adjunktionsposition (c) (vgl. (27)).

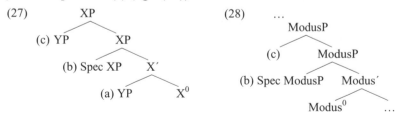

Die Komplementposition (a) scheidet aus, da MPn in der Regel nicht gefordert sind wie beispielsweise Objekt-NPs (*Christian füttert *(das Baby).*) oder von Verben geforderte VPs (*Anika will *(Karneval feiern)*). MPn könnten auch Spezifikator von [(b)] oder Adjunkt an [(c)] eine bereits etablierte funktionale Projektion (Phrase) sein. Pollock (1991) hat z.B. angenommen, dass es in einem Satz eine **Modusphrase** gibt (vgl. (28)), in deren Kopf der Verbmodus bestimmt wird. Wenn es eine Phrase für derartiges modales Material im Satz gibt, scheint es plausibel, MPn dort in ihrer Spezifiziererposition oder als Adjunkt zu verankern. Problematisch wären dann wiederum Fälle wie in (19), in denen die beiden MPn durch nicht-modales Material getrennt werden. Dieses müsste dann unplausiblerweise ebenfalls in der Modusphrase stehen. Auch die Fälle mit der Stellung im Vorfeld zusammen mit einer w-Phrase könnte man nicht erfassen, weil man die MP ja gerade in der Modusphrase positionieren würde, die Teil des Satzes ist.

Die Annahme für die Verankerung von MPn in der Satzstruktur, die in verschiedenen Arbeiten gemacht wird, ist, dass MPn als Adjunkte an die VP zu analysieren sind (vgl. (29)) (vgl. Brandt et al. 1992: 75, Meibauer 1994: 56, 73-81). Wir sehen an dieser Baumstruktur, dass sie Adjunkten und Argumenten im Satz vorangehen.

(29)

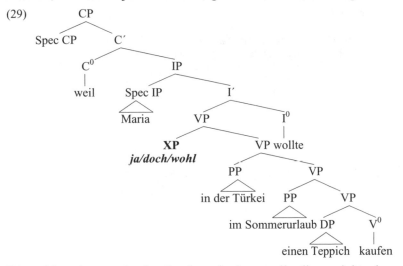

Diese Verankerung in der Struktur bedeutet allerdings nicht, dass z.B. die Objekte und Adjunkte nicht auch der MP vorangehen können.

(30) a. weil Maria **ja** [in der Türkei] [im Sommerurlaub] [einen Teppich]
         kaufen wollte
      b. weil Maria [in der Türkei] **ja** [im Sommerurlaub] [einen Teppich]
         kaufen wollte
      c. weil Maria [in der Türkei] [im Sommerurlaub] **ja** [einen Teppich]
         kaufen wollte
      d. weil Maria [in der Türkei] [im Sommerurlaub] [einen Teppich] **ja**
         kaufen wollte

Diese anderen Abfolgen lassen sich auffangen, wenn man annimmt, dass Argumente und Adjunkte umgestellt werden können. Die MPn haben unter dieser Sicht eine invariante Grundposition, die anderen Satzglieder können hingegen variabler versetzt werden. Vorausgesetzt wird hier die syntaktische Annahme, dass verschiedene Wortstellungen dadurch zustande kommen, dass Elemente im Satz zwar Grundpositionen haben, aus diesen heraus jedoch **bewegt**, das heißt umgestellt, werden können (zum Konzept der **Bewegung** vgl. z.B. Jungen/Lohnstein 2006: 120ff.). Wir werden dieser Annahme in Kapitel 6 erneut begegnen.

Grundbegriffe: funktionale/lexikalische Kategorien, X′-Theorie, Klitikon, Affix, Kopf, Phrase, Spezifikator, Komplement, Adjunkt, Adjunktion, Vokalharmonie, Wortakzent, Wirt, Valenz, thematische Rollen

Weiterführende Literatur: Meibauer (1994: 50-61) diskutiert die Frage, inwiefern MPn einen Zwischenstatus zwischen Köpfen und Phrasen einnehmen. Coniglio (2011) argumentiert, dass MPn ein Typ von Adverb sind. Struckmeier (2014) beschäftigt sich mit der Frage nach dem Status von MPn aus der Perspektive neuerer Syntaxtheorie (*Minimalistisches Programm*).

6. Die externe Syntax von MPn

Nachdem wir uns im letzten Kapitel mit dem syntaktischen Status der MPn beschäftigt haben, das heißt ihrer **internen Syntax**, wollen wir in diesem Kapitel Aspekte ihrer Distribution im Satz betrachten. Dass ihr Auftreten auf das Mittelfeld beschränkt ist, wissen wir aus vorherigen Kapiteln. Da im Mittelfeld allerdings allerhand sprachliches Material steht, stellt sich die Frage, welche Positionen MPn relativ zu diesen anderen Mittelfeldelementen einnehmen.

6.1 Grundposition am linken Mittelfeldrand

Wie schon in Kapitel 5 gesehen, können MPn nicht alleine das Vorfeld eines Satzes besetzen.

(1) a. Da kann man **schon** dolle Dinger erleben.
     b. ***Schon** kann man da dolle Dinger erleben.

(2) a. Die betriebliche Altersversorgung finanzieren die Unternehmen **ja** alleine.
     b. ***Ja** finanzieren die Unternehmen die betriebliche Altersversorgung alleine. (Ormelius-Sandblom 1997: 32f.)

Sofern MPn Heteroseme aufweisen und diese dazu vorfeldfähig sind, tritt eine Uminterpretation ein, wie in (1) (bei geeignetem Kontext) eine temporale Interpretation von *schon*. Ein für die Forschung nach wie vor meist rätselhaftes Randphänomen sind in einigen Fällen mögliche Kombinationen aus w-Pronomen und Partikel, die eine Ausnahme zum Ausschluss von MPn im Vorfeld darstellen.

(3) a. [Wer **schon**] wird das tun wollen?
     b. [Warum **nur**] passiert mir das immer?

In der Regel scheidet auch das Nachfeld als zulässiger Auftretensort für MPn aus.

(4) Die Zeitsituation hat sich (**doch**) geändert (***doch**).
(5) Beim HSV ist (**ja**) in diesem Jahr die große Verjüngungskur eingetreten (***ja**). (Ormelius-Sandblom 1997: 33)

Allerdings können (zumindest in der gesprochenen Sprache) Abweichungen von dieser Beschränkung beobachtet werden. In (6) sind *schon* beziehungsweise *halt* im Nachfeld zu finden. Die Satzklammer ist nach *verstehen* beziehungsweise *gekracht* geschlossen.

(6) a. Das kann man verstehen **schon**. (Ormelius-Sandblom 1997: 33)

b. A: die die autos müssen ANderschrum fahrn.
   B: ah ja hats geKRACHT **halt**, is einer SO gefahrn wie du.
                                                    (Imo 2008: 143)

Imo (2008) führt sogar eine Reihe von Belegen an, in denen die
Partikel *halt* im Vorfeld auftritt.

(7)   A: ne ich guck solche geWALTätigen filme halt nicht.
      B: **halt** guckst nicht an was GUT ist.   (Imo 2008: 141)

Möglicherweise ist die Mittelfeldbeschränkung (gegebenenfalls nur
bei einzelnen MPn) gar nicht (mehr) derart rigide wie traditionell
angenommen.

Wenngleich diese (von einigen Ausnahmen abgesehen) prinzipielle Restriktion auf das Mittelfeld anzunehmen ist, so heißt dies
dennoch nicht, dass die Stellung innerhalb dieses Bereichs völlig
frei erfolgen kann, wie es Beispiele der Art in (8) nahelegen kön-
nen. || markiert hier jeweils die Stellen, an denen eine MP stehen
könnte.

(8)   Dagobert Duck hat || gestern || seinem Kontrahenten || die Goldmine ||
      abgeluchst.   (Hentschel 1986: 208)

Es lassen sich nämlich auch innerhalb des Mittelfeldes bestimmte
(präferierte) Abfolgen beobachten. So wird beispielsweise angenommen, dass MPn der Negation, Satzadverbien sowie Adverbien
der Art und Weise in der Regel vorangehen.

(9)   a. weil Udo Gerda **ja** nicht/*nicht **ja** geheiratet hat   (Jacobs 1991: 155)
      b. weil Udo Gerda **ja** gern/*gern **ja** geheiratet hat
      c. weil Udo Gerda **ja** wahrscheinlich/*wahrscheinlich **ja** heiraten wollte

Auch Pronomen, Nominalphrasen und andere Adverbien können
rechts der MP stehen.

(10) a. aber dann hat er **ja** auch das erfaßt
      b. dort, wo **ja** jetzt Bernt Dörfel den Ball tritt
                                          (Ormelius-Sandblom 1997: 48)
      c. weil **ja** wahrscheinlich gestern ein Mann es ihm gegeben hat
                                                   (Lenerz 1993: 121)

Unsere Analyse aus Kapitel 5, dass MPn Phrasen sind, die an die
VP adjungiert sind, stimmt mit diesen Daten völlig überein. MPn
haben ihre Position demzufolge am linken Mittelfeldrand, alle anderen Mittelfeldelemente, die in (9) und (10) auftreten, stehen weiter rechts im Mittelfeld beziehungsweise hierarchisch tiefer in der
Baumstruktur. Stehen NPs, Pronomen oder Adverbien vor einer MP
im Satz, müsste man bei dieser Sicht annehmen, dass sie aus ihrer
Basisposition dorthin umgestellt wurden.

(11) a. ... und vielleicht könnte man das **doch** irgendwie anders machen
b. ... denn sonst würde unsre ganze Diskussion **doch** von einem etwas falschen Ausgangspunkt ausgehen
c. Die Kinder spielen hier **ja** auch Verkehrsunfallauto.

(Ormelius-Sandblom 1997: 34)

Umstellungen innerhalb des Mittelfeldes sind im Deutschen ein bekanntes Phänomen und es sind unabhängige Bedingungen formuliert worden, wann derartige Umstellungen erfolgen dürfen oder gar müssen (vgl. z.B. Wöllstein 2010: 41ff.), so dass es sich bei einer Ableitung von (11) entlang dieser Überlegung um eine denkbare Lösung handelt. Die Adjunktionsposition an die VP bildet den linken Mittelfeldrand. Dies schließt auch nicht aus, dass es im linken Mittelfeld (zwischen IP und VP) eine weitere Position gibt. Für das Deutsche ist angenommen worden, dass es in diesem Bereich die sogannnte **Wackernagelposition** gibt, die als die Position angesehen wird, in der unbetonte Personalpronomen stehen (vgl. z.B. Wöllstein 2010: 56f.). Mit (10c) haben wir zwar ein Beispiel, in dem *es* und *ihm* weiter rechts im Mittelfeld auftreten, in der Regel gehen derartige Pronomen den MPn aber voran, wie in (12). Sie stehen im Mittelfeld folglich präferiert vor den MPn.

(12) a. Deswegen habe ich mich **ja** darauf beschränkt.

(Ormelius-Sandblom 1997: 33)

b. *Deswegen habe **ja** ich mich darauf beschränkt.
c. *Deswegen habe ich **ja** mich darauf beschränkt.

Man muss sich dann fragen, warum manches Material lieber vor die Partikeln umgestellt wird (unbetonte Personalpronomen), anderes in der Regel rechts der Partikel verbleibt beziehungsweise mit welchem Effekt seine mögliche Umstellung einhergeht. Mit letzterem Aspekt beschäftigen wir uns unter anderem in Kapitel 7.

Im Bereich der relativen Abfolge von MPn und Satzadverbien ist die Datenlage in Wirklichkeit unklarer als hier entworfen. Man sagt, dass unbetonte MPn in der Regel vor den Satzadverbien stehen. Dies bestätigen auch die Belege in (13) und (14).

(13) a. Wir erfassen **ja** wahrscheinlich nur einen ganz kleinen Prozentsatz der Bevölkerung.
b. dann würden wir **doch** sicher eine ganz andere Lage haben

(Ormelius-Sandblom 1997: 35)

(14) *Fritz hat wirklich **doch** MaDONNA geküsst. (Meibauer 1994: 101)

Es heißt *unbetonte* MPn, weil betonte MPn nach den Satzadverbien zu stehen scheinen.

(15) a. Klaus ist wahrscheinlich **DOCH** nach Hause gegangen.
b. Peter hat Maria übrigens **WOHL** geheiratet. (Doherty 1987: 128ff.)

Hier gibt es aber auch in beide Richtungen Gegenbeispiele: Man findet einerseits akzeptable Beispiele, in denen eine betonte MP vor einem Satzadverb steht.

(16) A: Müller sagt, daß Fritz wahrscheinlich krank ist. Aber ich glaube das nicht.
B: Fritz ist **DOCH** wahrscheinlich krank. (Ich weiß das von der Krankenschwester.) (Meibauer 1994: 102)

Andererseits lässt sich auch die Abfolge Satzadverb > unbetonte MP belegen.

(17) (Wir haben diese Frage gestellt), weil das vielLEICHT **doch** mehr Hörer noch interessiert. (Ormelius-Sandblom 1997: 35)

Erklärungen und Modellierungen stehen an dieser Stelle noch aus. Möglich ist auch, dass die Verhältnisse je nach konkreter MP voneinander abweichen. Man hat z.b. beobachtet, dass im Falle des unbetonten *schon* die Normalabfolge die Reihung Satzadverb > MP zu sein scheint.

(18) Es wird darüber diskutiert, ob einem Patienten mit sehr niedriger Herzfrequenz ein Schrittmacher eingebaut werden sollte:
A: (na ja) aber das dürfte hart sein
B: (ja) (wenn einer wirklich noch Puls dreißig hat,) dann is s natürlich **schon**/?**schon** natürlich sozusagen ne andere Sache
(Ormelius-Sandblom 1997: 47)

Damit lägen hier genau umgekehrte Präferenzen vor, verglichen mit den oben betrachteten Fällen.

6.2 Relative Abfolge von MPn und Adverbien

Die Interaktion von MPn und Adverbien bietet einige weitere Aspekte, die wir betrachten wollen. Über Satzadverbien (wie *wahrscheinlich*, *übrigens*, *sicher*) haben wir gerade gesprochen, Adverbien der Art und Weise haben wir weiter oben auch schon erwähnt. Andere Adverbien haben wir bisher jedoch ausgeklammert. Man sieht, dass es für die Stellung von MPn im Mittelfeld aber auch eine Rolle spielt, was für ein Adverb beteiligt ist.

(19) a. Der Attentäter ist **ja** glücklicherweise/glücklicherweise **ja** von der Polizei festgehalten worden.
b. Der Attentäter ist **ja** bereits/*bereits **ja** von der Polizei festgehalten worden. (Coniglio 2007: 105/106)

Dem **evaluativen Adverb** *glücklicherweise* kann *ja* vorangehen oder nachfolgen, es kann aber nur vor dem **Temporaladverb** *be-*

reits stehen. Die Besprechung dieser zwei Beispiele zeigt schon, dass Voraussetzung für so eine Betrachtung zunächst einmal die Annahme ist, dass sich Adverbien (semantischen) Klassen zuordnen lassen. Man unterscheidet z.B. zwischen **Sprechaktadverbien**, die die ganze Äußerung kommentieren (vgl. (20)), **evaluativen Adverbien** (vgl. (21)), die eine Bewertung ausdrücken, und **Frequenzadverbien** (vgl. (22)), die Häufigkeiten anzeigen.

(20) Ehrlich gesagt/streng genommen stimmt das nicht.

(21) Glücklicherweise/leider ist keiner zu Besuch gekommen.

(22) Peter macht oft/nie Urlaub.

Man hat die Beobachtung gemacht, dass Adverbien (beziehungsweise allgemeiner Adverbiale), die ihre Grundposition alle im Mittelfeld haben, dort in bestimmten Anordnungen auftreten.

(23) Das ist streng genommen leider/?leider streng genommen falsch.

(24) Peter geht zum Glück selten/?selten zum Glück ohne Schirm aus dem Haus.

Das strukturelle Pendant zu solchen linearen Abfolgen ist die unterschiedliche Hierarchisierung der Adverbien in der Baumstruktur. Das heißt, es gibt Ansätze, die davon ausgehen, dass verschiedene Adverbtypen unterschiedlich (hohe) Positionen in der Phrasenstruktur einnehmen. Die Hierarchie in (25) (ihrem Entdecker nach **Cinque-Hierarchie** genannt) (vgl. Cinque 1999) stellt eine derartige Ordnung dar. Die Adverbien links von „>" stehen dabei in der Struktur (und damit in der Hierarchie) höher als die Adverbien rechts von „>".

(25) $Modus_{Sprechakt}$ (*ehrlich gesagt*) > $Modus_{evaluativ}$ (*glücklicherweise*) > $Modus_{evidenziell}$ (*offensichtlich*) > $Modalität_{epistemisch}$ (*vermutlich*) > $Tempus_{Vergangenheit}$ (*damals*) > $Tempus_{Zukunft}$ (*jetzt*) > $Modus_{Irrealis}$ (*vielleicht*) > $Modalität_{Notwendigkeit}$ (*notwendigerweise*) > $Modalität_{Möglichkeit}$ (*möglicherweise*) > $Modalität_{Wille}$ (*absichtlich*) > $Modalität_{Verpflichtung}$ (*unvermeidlicherweise*) > $Modalität_{Fähigkeit/Erlaubnis}$ (*klugerweise*) > $Aspekt_{habituell}$ (*normalerweise*) > $Aspekt_{repetitiv}$ (*nochmals*) > $Aspekt_{Frequenz}$ (*oft*) > $Aspekt_{celerativ}$ (*schnell*) > $Tempus_{Vorzeitigkeit}$ (*bereits*) (nach Coniglio 2007: 104)

Nimmt man nun an, dass man sagen kann, wo die Adverbien in der Struktur stehen, dann kann man auch untersuchen, wo die MPn relativ zu diesen Adverbien stehen. Da die Adverbien nach (25) eine Hierarchie bilden, schaut man somit, wie hoch MPn in dieser stehen können. Alle Adverbien aus (25) stehen im Mittelfeld. MPn können aber nur vor beziehungsweise nach bestimmten Adverbien stehen. Das unbetonte *ja* beispielsweise kann in (26a) bis (26m) in der einen oder anderen Position auftreten (angezeigt durch {}). In (26n) bis (26q) ist die Positionierung nach dem jeweiligen Adverb bis (26q) ist die Positionierung nach dem jeweiligen Adverb nicht zulässig.

(26) a.   Der Attentäter ist {ja} ehrlich gesagt {ja} von der Polizei festgehalten worden.

b.   Der Attentäter ist {ja} glücklicherweise {ja} von der Polizei festgehalten worden.

c.   Der Attentäter ist {ja} offensichtlich {ja} von der Polizei festgehalten worden.

d.   Der Attentäter ist {ja} vermutlich {ja} von der Polizei festgehalten worden.

e.   Der Attentäter ist {ja} damals {ja} von der Polizei festgehalten worden.

f.   Der Attentäter wird {ja} jetzt {ja} von der Polizei festgehalten.

g.   Der Attentäter ist {ja} vielleicht {ja} von der Polizei festgehalten worden.

h.   Der Attentäter ist {ja} notwendigerweise {ja} von der Polizei festgehalten worden.

i.   Der Attentäter ist {ja} möglicherweise {ja} von der Polizei festgehalten worden.

j.   Der Attentäter ist {ja} absichtlich {ja} von der Polizei festgehalten worden.

k.   Der Attentäter ist {ja} unvermeidlicherweise {ja} von der Polizei festgehalten worden.

l.   Der Attentäter ist {ja} klugerweise {ja} von der Polizei festgehalten worden.

m.   Der Attentäter ist {ja} normalerweise {ja} von der Polizei festgehalten worden.

---

n.   Der Attentäter ist {ja} nochmals *{ja} von der Polizei festgehalten worden.

o.   Der Attentäter ist {ja} oft *{ja} von der Polizei festgehalten worden.

p.   Der Attentäter ist {ja} schnell *{ja} von der Polizei festgehalten worden.

q.   Der Attentäter ist {ja} bereits *{ja} von der Polizei festgehalten worden.

(Coniglio 2007: 105f.)

Die tiefst (beziehungsweise am weitesten rechts) mögliche Position von *ja* liegt somit zwischen Adverbien, die Gewohnheit ausdrücken (habituell), und solchen, die sich auf Wiederholung beziehen (repetitiv). Jede weitere verfügbare höhere Position ist ebenfalls zulässig, denn bis zur höchsten Adverbklasse (Sprechaktadverbien) kann *ja* links des Adverbs stehen.

Bei (26) handelt es sich lediglich um ein Fallbeispiel der Verteilung von *ja*. Die möglichen Positionen können von MP zu MP in verschiedenen Satztypen durchaus andere sein.

In Kapitel 6.1 haben wir angenommen, dass MPn an die VP adjungiert sind und weitere Mittelfeldkonstituenten über eine MP hinweg umgestellt werden können. Cinque zufolge ist für jedes Adverb aus (25) eine eigene Phrase innerhalb der IP anzunehmen, das heißt, es gibt nicht nur die uns bekannte IP, sondern diese gliedert sich auf in Kaskaden von Phrasen, in deren Spec-Positionen jeweils eines der Adverbien steht. Da die MPn zwischen diesen Adverbien stehen können, haben sie dieser Auffassung nach folglich höhere Positionen als wir es angenommen haben, nämlich innerhalb der IP (statt adjungiert an die VP). Dazu kommt, dass die Position der Adverbien Cinques Verständnis nach fest ist. Wenn sich die MPn nun um die Adverbien verteilen können, können wir nicht die Annahme aufrecht erhalten, dass MPn eine feste Position (am linken VP-Rand) haben und das übrige Mittelfeldmaterial ihnen gegebenenfalls vorangestellt wird (vgl. das Ende von Kapitel 5). Unter diesen theoretischen Annahmen müsste man dann anders annehmen, dass es eine Basisposition für MPn gibt und sie selbst umgestellt werden können. Die Verteilung von *ja* in (26) weist darauf hin, dass diese Grundposition zwischen habituellen und repetitiven Adverbien anzusiedeln ist und sich die MPn aus dieser Position gegebenenfalls in der Hierarchie nach oben bewegen. Diese Ausgangsposition sieht Coniglio (2007) als Basisposition einer jeden MP an. Die möglichen Landeplätze, das heißt die obersten Positionen in der Hierarchie, die besetzt werden können, können allerdings variieren.

Dass es sich wirklich um unterschiedliche Positionen handelt, kann man an Daten wie in (27) sehen.

(27) a. Er ist **ja** glücklicherweise vermutlich nochmals von der Polizei festgehalten worden.
      b. Er ist glücklicherweise **ja** vermutlich nochmals von der Polizei festgehalten worden.
      c. Er ist glücklicherweise vermutlich **ja** nochmals von der Polizei festgehalten worden.
      d. *Er ist glücklicherweise vermutlich nochmals **ja** von der Polizei festgehalten worden.
                                                                    (Coniglio 2007: 107)

Die MPn kommen hier tatsächlich zwischen verschiedenen Adverbklassen oberhalb der repetitiven Adverbien zum Stehen. Wenn man Daten wie in (27) nicht hätte (sondern nur Daten der Art in (28)), hätte man keine Evidenz für die Annahme, dass es sich bei der MP-Position nicht stets um die gleiche Position handelt, die eben höher als das evaluative Adverb in der Struktur verankert ist.

(28) a. Er ist **ja** glücklicherweise vermutlich nochmals von der Polizei festgehalten worden.
      b. Er ist **ja** vermutlich nochmals von der Polizei festgehalten worden.
      c. Er ist **ja** nochmals von der Polizei festgehalten worden.
      d. *Er ist glücklicherweise vermutlich nochmals **ja** von der Polizei festgehalten worden.

Die Untersuchungen in diesem Kapitel zeigen uns, dass die Aussage, dass das Auftreten von MPn auf das Mittelfeld beschränkt ist, differenziert werden kann. Sie treten am *linken* Mittelfeldrand auf. Diese Annahme gilt unabhängig davon, ob wir sie als Adjunkte an die VP (vgl. Kapitel 6.1) oder als Teil der IP (s.o.) auffassen. In der Regel gehen sie anderem Mittelfeldmaterial voran (mit Ausnahme von unbetonten Personalpronomen). Im Einklang mit generellen Umstellungsvorgängen innerhalb des Mittelfeldes kann anderes sprachliches Material über die MP hinweg bewegt werden (**VP-Adjunktionsanalyse**). Die Untersuchung der relativen Abfolge von MPn und Adverbien führt zu weiteren Differenzierungen, weil es offensichtlich nicht so ist, dass MPn allen Adverbien stets vorangestellt sind, sondern dass die Adverbklasse sowie die konkrete MP Einfluss nimmt. Da mit der hierzu vorgestellten Analyse andere theoretische Annahmen einhergehen (feste Adverbpositionen), wäre davon auszugehen, dass die MPn selbst umgestellt werden (**Bewegungsanalyse**), sofern sie höheren Adverbien als den habituellen vorangestellt sind.

Aufgabe 5: Welche Hinweise geben uns die folgenden Daten für die Stellung von unbetontem *schon* beziehungsweise *wohl* relativ zu Adverbien innerhalb des Mittelfeldes?

a. Der Attentäter ist {schon} nochmals ??{schon} von der Polizei festgehalten worden.

b. Der Attentäter wird *{schon} jetzt {schon} von der Polizei festgehalten.

c. Der Attentäter wird ?{schon} normalerweise {schon} von der Polizei festgenommen.

d. Der Attentäter ist *{schon} ehrlich gesagt {schon} von der Polizei festgehalten worden.

e. Der Attentäter ist {schon} schnell *{schon} von der Polizei festgehalten worden.

f. Der Attentäter ist {schon} oft *{schon} von der Polizei festgehalten worden.

g. Der Attentäter ist {wohl} nochmals *{wohl} von der Polizei festgehalten worden.

h. Der Attentäter wird {wohl} jetzt {wohl} von der Polizei festgehalten.

i. Der Attentäter wird {wohl} normalerweise {wohl} von der Polizei festgenommen.

j. Der Attentäter ist {wohl} ehrlich gesagt {wohl} von der Polizei festgehalten worden.

k. Der Attentäter ist {wohl} schnell *{wohl} von der Polizei festgehalten worden.

l. Der Attentäter ist {wohl} oft *{wohl} von der Polizei festgehalten worden.

(nach Coniglio 2007: 112)

Wir sehen, dass gerade im Bereich der syntaktischen Modellierung des Verhaltens der MPn noch viele Fragen offen sind. Damit geht einher, dass die Datenlage noch unklar zu sein scheint. Dies gilt meines Erachtens insbesondere für die Interaktion von MPn und Adverbien, die wir in Abschnitt 6.2 betrachtet haben. Hier ist noch einige empirische Arbeit nötig, um gesicherte(re) Generalisierungen zu formulieren und syntaktische Theorien entwickeln zu können.

Grundbegriffe: Vorfeld, Mittelfeld, Nachfeld, Wackernagelposition, Adverbklassen, Cinque-Hierarchie, VP-Adjunktionsanalyse, Bewegungsanalyse

Weiterführende Literatur: Ormelius-Sandblom (1997: Kapitel 3.2 und 3.3), Coniglio (2011: Kapitel 3)

7. MPn in der Informationsstruktur

In den letzten beiden Kapiteln haben wir gesehen, dass sich syntaktische Annahmen zur Position der MPn im Mittelfeld machen lassen. In diesem Kapitel werden wir sehen, dass sich weitere Stellungseigenschaften innerhalb dieses Teils des Satzes beschreiben lassen, indem wir betrachten, wie MPn mit der **Informationsstruktur** (IS) interagieren. Bei der IS handelt es sich um eine Strukturierung des Satzes, die das Ziel verfolgt, die vermittelte Information bestmöglich auf die kommunikativen Bedürfnisse der Diskursteilnehmer auszurichten.

7.1 Fokus-Hintergrund- und Thema-Rhema-Gliederung

Eine Möglichkeit der Informationsstrukturierung einer Äußerung ist für einen Sprecher, sie in Hervorgehobenes (= **Fokus**) und Nicht-Hervorgehobenes (= **Hintergrund**) zu gliedern. Die Teile der Äußerung, die hervorgehoben werden, sind im aktuellen Kontext besonders relevant. Man spricht bei dieser Art der Aufteilung der Information von der **Fokus-Hintergrund-Gliederung** (FHG). Fokussierung wird im Deutschen vor allem durch Akzentuierung markiert. Je nachdem, welche Einheit in (1) akzentuiert wird, entstehen andere FHGen. Akzentuierung wird hier durch Großbuchstaben markiert, die Fokuseinheit trägt ein Fokusmerkmal ([+F]).

(1)   Sabrina wird morgen nach Boston fliegen.

(2)   a. $_{+F}$[SaBRIna] wird morgen nach Boston fliegen.
        b.   Sabrina wird $_{+F}$[MORgen] nach Boston fliegen.
        c.   Sabrina wird morgen $_{+F}$[nach BOSton] fliegen.

Dass die unterschiedlichen Akzentuierungen in (2) zu unterschiedlichen FHGen führen, lässt sich dadurch illustrieren, dass sich nur bestimmte Fragen als passende Vorgängerbeiträge eignen. (2a) ist beispielsweise eine angemessene Antwort auf die Frage in (3a). Die Sequenzen in (3b) und (3c) sind hingegen nicht akzeptabel. Dies lässt sich ganz einfach daraus ableiten, dass die Fragen andere FHGen vorgeben als die Antworten es durch die vorliegende Akzentuierung nahelegen.

(3)   a.   A: Wer wird morgen nach Boston fliegen?
              B: $_{+F}$[SaBRIna] [wird morgen nach Boston fliegen].

        b.   A: Wohin wird Sabrina morgen fliegen?
              B: #$_{+F}$[SaBRIna] [wird morgen nach Boston fliegen].

c. A: Wann wird Sabrina nach Boston fliegen?
B: #+F[SaBRIna] [wird morgen nach Boston fliegen].

Entsprechen sich die FHGen in Frage und Antwort, führt auch das Auftreten der Fragen aus (3b) und (3c) zu adäquaten Sequenzen.

(4)   a. A: Wohin wird Sabrina morgen fliegen?
B: Sabrina wird morgen +F[nach BOSton] fliegen.

  b. A: Wann wird Sabrina nach Boston fliegen?
B: Sabrina wird +F[MORgen] nach Boston fliegen.

Die Gründe, warum manche Teile des Satzes hervorgehoben werden, können verschieden sein. In (3) und (4) handelt es sich bei der fokussierten Konstituente jeweils um die erfragte und deshalb unbekannte Information. Diese Art von Information wird plausiblerweise als relevant hervorgehoben präsentiert (**Informationsfokus**), während alle weiteren Angaben in den Antworten aus den Fragen übernommen und deshalb (ebenfalls plausiblerweise) als Hintergrundmaterial vermittelt werden. Eine andere Funktion der Fokussierung kann es sein, auszudrücken, dass zwischen Einheiten ein Kontrast besteht (**Kontrastfokus**).

(5)   Elisabeth unterrichtet +F[PhySIK], Knut unterrichtet +F[ENGlisch].

Auch können Teile einer Äußerung fokussiert sein, die der Korrektur oder Bestätigung dienen (**Korrektur-**, **Bestätigungsfokus**).

(6)   A: Stefan wohnt +F[im ALLgäu].
B: Nein, Stefan wohnt +F[am NIEderrhein].

(7)   A: Stefan besucht im Oktober +F[seine SCHWESter].
B: Ja, Stefan besucht im Oktober +F[seine SCHWESter].

In einem Satz kann es auch mehr als einen Fokus geben.

(8)   Wer hat wem was geschenkt?
+F[SONja] hat +F[AGAthe] +F[einen KÄfer] geschenkt.

An den angeführten Beispielen sehen wir, dass die **Fokusdomäne** einer Äußerung im Deutschen durch Akzentuierung markiert wird. Der Akzent wird dabei einer Silbe aus dem Fokusbereich zugeordnet. Es kann sein, dass die akzentuierte Silbe der fokussierten Einheit entspricht. Dies muss aber nicht so sein.

(9)   Wen hat Maria gestern besucht?
  a. Maria hat gestern +F[PAUL] besucht.   FE: *PAUL*, Fokus: *Paul*
  b. Maria hat gestern +F[MaxiMIlian] besucht.   FE: *MI*, Fokus: *Maximilian*
  c. Maria hat gestern +F[ihren ONkel] besucht. FE: *ON*, Fokus: *ihren Onkel*

Die akzenttragende Silbe wird als **Fokusexponent** (FE) bezeichnet. Der Fokusbereich kann genauso groß sein wie der Fokusexponent, er kann aber auch größer sein. Je nach FE können auch noch größere Bereiche des Satzes den Fokus bilden. Neben NP-Fokus (wie in (9)), kann der Fokus sich auch auf die unterschiedlich große VP oder sogar den ganzen Satz (CP-Fokus) erstrecken.

(10) A: Was hat Maria gestern gemacht?
     B: Maria hat gestern $_{+F}$[ihren ONkel besucht]. (VP-Fokus)

(11) A: Was hat Maria gemacht?
     B: Maria hat $_{+F}$[gestern ihren ONkel besucht]. (VP+Adverbial im Fokus)

(12) A: Was war los?
     B: $_{+F}$[Maria hat gestern ihren ONkel besucht]. (CP-Fokus)

Wir sehen also, dass wenn die (erste Silbe der) NP akzentuiert ist, sie alleine den Fokus bilden kann (man spricht dann von **engem** oder **minimalem Fokus**), dass aber auch größere Teile des Satzes die Fokusdomäne ausmachen können. Bei dieser Ausweitung des Fokus spricht man von **Fokusprojektion**. Die Überlegung ist, dass der Fokus von dieser einen Silbe auf größere Teile des Satzes **projiziert** wird.

Ein Sprecher kann eine Äußerung auch danach gliedern, welche ihrer Teile bekannte, alte, vorgegebene Information und welche neue, nicht vorerwähnte Information darstellen. Konstituenten der ersten Art werden als **thematisch** (= das **Thema**) bezeichnet, letztere als **rhematisch** (= das **Rhema**). Bei dieser Art der Strukturierung von Information spricht man von der **Thema-Rhema-Gliederung**.

In (13) wird z.b. mit dem ersten Satz der König als bis dahin unbekannte Entität in den Kontext eingeführt. Im zweiten Satz wird auf diese dann bekannte Einheit weiterhin Bezug genommen. Das im zweiten Satz erstmalig erwähnte Königreich ist als neue, das heißt rhematische, Information einzustufen.

(13) Es war einmal [ein König]. [Der König] hatte [ein großes Reich].
                  Rhema   Thema   Rhema

Bei thematischen Ausdrücken muss es sich nicht um lexikalische Wiederholungen der zuvor erwähnten Ausdrücke handeln. Solange der Referent gleich bleibt (das heißt, klar ist, dass man sich weiterhin auf den eingeführten König bezieht), eignen sich auch anaphorisch verwendete Pronomen (*er, dieser*) oder sehr ähnliche Ausdrücke (*dieser Herrscher, dieser Machthaber*). Auch muss eine Konstituente nicht explizit vorerwähnt sein, um thematisch zu sein. Das Thema einer Äußerung kann vom Hörer/Leser auch aufgrund der Situation zu erschließen oder aufgrund von Vor- oder Weltwissen zu identifizieren sein. Das Rhema ist dann entsprechend Information, die nicht aus dem Kontext abzuleiten ist (vgl. Brinker 1992:

48f.). Thematizität, die aus der Situation heraus gegeben ist, liegt z.B. im Falle deiktischer Ausdrücke vor.

(14) a. Kann [ich] um halb vier vorbeikommen?
     b. Leerst [du] den Briefkasten, wenn ich im Urlaub bin?
     c. (vor einer pinken Wohnzimmerwand stehend) [Diese Farbe] gefällt mir nicht.

Vor- beziehungsweise Weltwissen spielt in den Beispielen in (15) und (16) eine Rolle.

(15) Peter ist heute morgen von Köln nach München aufgebrochen. [Das Fahrrad] hatte schon nach einer Stunde einen Platten.

(16) Gestern bin ich mit einem Taxi nach Hause gefahren und [der Fahrer] hat die ganze Zeit über das schlecht laufende Geschäft geklagt.

In (15) kann der Sprecher von der Gegebenheit von *das Fahrrad* ausgehen, wenn er darauf baut, dass der Adressat weiß, dass Peter mit dem Fahrrad nach München unterwegs ist und nicht etwa mit dem Auto, dem Zug oder dem Flugzeug. Das heißt, der Themastatus von *Fahrrad* ist nur dann anzunehmen, wenn das Vorwissen der Gesprächsteilnehmer aktiviert wird. Explizit vorerwähnt oder in der Situation gegeben ist es nicht. In (16) ist vom Rezipienten weniger Vor- denn Weltwissen gefragt, um aus dem Taxikontext die implizite Vorerwähntheit des Fahrers zu schließen. Da Taxis Fahrer benötigen, kann hier (ähnlich wie in (15), allerdings Bezug nehmend auf eine allgemeinere Art von Wissen) die Thematizität der NP *der Fahrer* angenommen werden.

Ein Test, der gerne zur Bestimmung thematischer und rhematischer Information eingesetzt wird, ist die **Frage-Antwort-Kongruenz**. Die Information, die die Antwort auf eine w-Frage liefert, gilt als rhematischer Teil der Äußerung, der Rest bildet das Thema.

(17) A: Wer wird morgen nach Boston fliegen?
     B: [Sabrina]   [wird morgen nach Boston fliegen].
         Rhema   Thema

(18) A: Was wird Sabrina machen?
     B: [Sabrina wird] [morgen nach Boston fliegen].
         Thema   Rhema

Mit der FHG und der TRG liegen für einen Sprecher zwei verschiedene Möglichkeiten vor, die vermittelte Information eines Satzes zu strukturieren und auf die kommunikativen Bedürfnisse des Hörers auszurichten. Es fällt auf, dass wir den gleichen Test heranziehen können, um die TRG zu bestimmen, wie wir ihn angeführt haben, um die FH-Verhältnisse festzulegen. Für Deklarativsätze wie in

(17) und (18) gilt folglich, dass TRG und FHG parallel verlaufen. Der rhematische Teil entspricht dem Fokus, der thematische dem Hintergrund. Wenn der Fokus hervorgehobene Teile des Satzes anzeigt, scheint es durchaus plausibel, neue, nicht-vorerwähnte Information derart auszuzeichnen und bekannte oder ableitbare Teile des Satzes nicht hervorzuheben. Wir wir oben gesehen haben, ist das Anzeigen neuer Information aber nur *eine* Funktion der Fokussierung (neben z.B. Kontrast, Korrektur). Das heißt, wenngleich es eine plausible Zuordnung von Thema-Hintergrund und Rhema-Fokus gibt, ist dies nicht zwingend der Fall. Auch thematisches Material kann fokussiert sein.

(19) A: Karls Frau würde Edgar empfehlen.
       B: Nein, sie würde +F[KARL] empfehlen.   (Büring 2006: 150)

Für Bs Äußerung in (19) ist anzunehmen, dass alle Konstituenten aufgrund von As Beitrag vorerwähnt und somit thematisch sind. Dennoch fällt die NP *Karl* in den Fokus, der hier ein Korrekturfokus ist.

Auch Pronomen, bei denen es sich plausiblerweise um thematisches Material handelt, können prinzipiell fokussiert sein, wie wir an dem Kontrastfokus in (20) sehen.

(20) Du heiratest SIE, nicht [ihre MUTter].

Es muss also angenommen werden, dass die FHG und die TRG zwei unabhängige Strukturierungsmöglichkeiten sind, die dem Zweck dienen, Information (zu verschiedenen Zwecken) (nicht) hervorzuheben beziehungsweise sie als (nicht) gegeben zu markieren.

7.2 MPn in der Fokus-Hintergrund-Gliederung

Möchte man die Frage beantworten, welche Rolle MPn in der FHG spielen, lässt sich zunächst einmal festhalten, dass prinzipiell die gleichen FH-Verhältnisse möglich sind wie ohne ihre Anwesenheit.

(21) Was hat Astrid gemacht? (VP-Fokus)
       Astrid hat **halt** +F[ihrer Freundin eine POSTkarte geschickt].

(22) Was hat Astrid in Bezug auf ihre Freundin getan?
       Astrid hat ihrer Freundin **halt** +F[eine POSTkarte geschickt].
                                         (VP-Fokus ohne indirektes Objekt)
(23) Wem hat Astrid eine Postkarte geschickt?
       Astrid hat **halt** +F[ihrer FREUNdin] eine Postkarte geschickt. (NP-Fokus)

(24) Was hat Astrid ihrer Freundin geschickt?
       Astrid hat ihrer Freundin **halt** +F[eine POSTkarte] geschickt. (NP-Fokus)

In (21) steht z.B. die VP im Fokus. Zum Hintergrund gehört die Information, dass Astrid etwas getan hat. Der Fokus projiziert ausgehend vom Fokusexponenten *Post* auf die VP. In (22) ist die Fokusdomäne beschränkter, da nun zusätzlich *ihre Freundin* dem Hintergrund zuzurechnen ist. Die Fokusdomäne beinhaltet somit das Verb plus sein direktes Objekt. Wie man an (23) und (24) sieht, kann die Fokusdomäne auch noch kleiner sein und z.B. alleine eine NP beinhalten. Das indirekte beziehungsweise direkte Objekt ist hier minimal fokussiert.

Aufgabe 6: In den hier angeführten Beispielen grenzen die MPn an den Fokus an. Sie werden aber nicht als Teil der Fokusdomäne angesehen. Überlegen Sie, ob MPn auch Teil des Fokus sein können. Wie lässt sich dies überprüfen?

An den Beispielen in (21) bis (24) fällt auf, dass die MP quasi mit dem Fokus ‚mitwandert'. Sie steht jeweils direkt angrenzend links der Fokusdomäne.

Dass eine MP, die an den Fokus des Satzes angrenzt, diesem überhaupt vorangeht, stellt den Standardfall dar. Moroni (2010: 128) stellt bei einer Korpusanalyse fest, dass von 175 Fällen, in denen MPn an die Fokusdomäne angrenzen, sie in 93% der Fälle dem Fokus vorangehen und sie nur in 7% der Fälle dem Fokus nachgestellt werden. (25) zeigt zwei Beispiele für auf den Fokus folgende MPn.

(25) a. ja aber aber $_{+F}$[mit geWISsen Eigenheiten] **doch** (Moroni 2010: 137)
     b. Ich habe gestern $_{+F}$[GreNOUille] **doch** gesehen. (Lerner 1987: 223)

Moronis Ergebnis der Verteilung der der Fokusdomäne voran- und nachgestellten MPn zeigt, dass solche Sätze zwar möglich, aber im Vergleich zur Fokusvoranstellung der MP eher ungebräuchlich sind.

Diese deutliche Präferenz zur MP-Voranstellung relativ zur Fokusdomäne bedeutet allerdings nicht, dass die MPn auch notwendigerweise direkt adjazent zum Fokus stehen müssen. Das heißt, zwischen eine MP und den Fokus können Hintergrundeinheiten treten.

(26) A: Peter hat seiner Frau das Ausgehen verboten.
     B: Nein, ich meine, dass er **doch** das Ausgehen $_{+F}$[seiner TOCHter] verboten hat. (Moroni 2010: 152)

Aufgabe 7: Überprüfen Sie, ob diese Annahme haltbar ist, indem Sie die Beispiele in (21) bis (24) entsprechend abändern.

Kommen wir noch einmal zurück zu den Sätzen, in denen die MP der Fokusdomäne nachgestellt ist, das heißt Sätzen wie in (25) und auch (27).

(27) A: Niemals hat einer einen Versuch gemacht.
   B: (Wieso?) Einmal hat ₊F[PEter] **doch** einen Versuch gemacht!

(Meibauer 1994: 80)

Die Annahme in der Literatur ist, dass solche Äußerungen insofern besonders sind, als dass sie die minimale Fokussierung der Fokuseinheit erfordern. (27) illustriert dies aufgrund des Vorgängerkontextes recht deutlich. In Bs Äußerung wird eine in As Äußerung explizit genannte Alternative bestritten, das heißt, es liegt ein minimaler Kontrastfokus vor. Der Fokus kann (bei anderem Kontext) nicht weiter sein als diese minimale Fokussierung. Dies lässt sich mit (28) zeigen, da hier (anders als in (27)) der potenzielle Fokusexponent des Satzes den Fokus ausmacht.

(28) Ich habe gestern [den SCHORNsteinfeger] **doch** gesehen.

Wie (29) illustriert kann der Fokus ausgehend von *Schornsteinfeger* projizieren, wenn die MP am linken Mittelfeldrand steht.

(29) Ich habe **doch** gestern den SCHORNsteinfeger gesehen.
   a. Wen hast du gestern gesehen? (NP-Fokus)
   b. Was hast du gestern gemacht? (VP-Fokus ohne Adverbial)
   c. Was hast du gemacht? (VP-Fokus+Adverbial)
   d. Was ist passiert? (CP-Fokus)

Für (28) gilt hingegen, dass sich ausschließlich (29a) als Vorgängerfrage eignet (wenn überhaupt, da möglicherweise eine kontrastive Lesart erforderlich ist beziehungsweise die MP-Voranstellung sowieso üblicher ist). Fokusprojektion ist nicht möglich, wenn die MP dem Fokusexponenten nachgestellt wird.

Es gibt Autoren, die annehmen, dass die Fokusprojektion sogar prinzipiell nicht möglich ist, wenn die MP nicht den linken Mittelfeldrand ausmacht. Das heißt, auch in einem Satz wie in (30) sollte der Fokus nicht über die VP hinaus projizieren können.

(30) Astrid hat ihrer Freundin halt eine POSTkarte geschickt.

Da die MP die Fokusprojektion blockieren soll, sollte (30) eine akzeptable Antwort auf die Fragen in (31) sein. Die Fragen in (32) sollten sich hingegen nicht als Vorgängerbeitrag eignen.

(31) a. Was hat Astrid ihrer Freundin geschickt? (NP-Fokus)
 b. Was hat Astrid in Bezug auf ihre Freundin gemacht?
 (VP-Fokus ohne indirektes Objekt)
(32) a. Was hat Astrid gemacht? (VP-Fokus)
 b. Was ist passiert? (Satzfokus)

Auf die Einschätzung dieser Daten kommen wir unten zurück. Die prinzipielle Annahme, dass MPn die Fokusprojektion blockieren, wird auch im nächsten Abschnitt zu MPn in der TRG eine Rolle spielen, weshalb wir uns die Argumentation etwas genauer anschauen. Daten, die zur Stützung dieser Ansicht in der Literatur angeführt werden, finden sich in (33) und (34).

(33) A: Karl vergißt wohl hoffentlich nicht den Geburtstag seiner Mutter?
 B: Nein. Er wird [seiner Mutter]$_1$ $_{+F}$[schon t$_1$ ein TeleGRAMM schicken]. (Ormelius 1993: 158)

(34) (und ich würd sagen) so HUNdert JAHre zuRÜCK ist das$_1$ $_{+F}$[schon t$_1$ ne ganze MENge]. (Ormelius-Sandblom 1997: 107)

In beiden Beispielen wurde eine Konstituente innerhalb des Mittelfeldes nach links bewegt. Markieren MPn die linke VP-Grenze, dann hat sowohl das indirekte Objekt *seiner Mutter* als auch das Subjekt *das* seine Grundposition innerhalb der VP, die die Argumente des Verbs beinhaltet, verlassen (hier angedeutet durch den Index an der Konstituente und die Spur in ihrer Ursprungsposition).

Eine gängige Annahme in der Literatur ist, dass derartige Umstellungen innerhalb des Mittelfeldes unter anderem dadurch beschränkt sind, dass die umgestellte Konstituente nicht im Fokus stehen kann. Dies lässt sich z.b. anhand von (35) bis (37) illustrieren.

(35) (Wie lief's beim Zahnarzt?
 – Frag bloß nicht!) Am liebsten würde ich den Metzger umbringen.

(36) a. Am liebsten würde ich den Metzger $_{+F}$[UMbringen].
 b. Am liebsten würde ich $_{+F}$[den METZger] umbringen.

(37) a. Ich möchte den Metzger am liebsten $_{+F}$[UMbringen].
 b. Ich möchte am liebsten $_{+F}$[den METZger] umbringen.

Büring (2006: 154/160) nimmt an, dass (35) prinzipiell ambig ist und disambiguiert wird je nach Akzentuierung (und damit in unserer Argumentation eben auch Fokuszuweisung). Unter der Akzentuierung in (36a) ordnet man *den Metzger* dem Hintergrund zu, *umbringen* dem Fokus. Es stellt sich deshalb leicht die plausible Lesart ein, unter der man *Metzger* anaphorisch auf *Zahnarzt* bezieht und diesem demnach eine entsprechende Handhabung seines Handwerks zuschreibt. Akzentuiert man wie in (36b), fällt *den Metzger* in den Fokus und die eher unsinnige Lesart stellt sich ein, dass der

Sprecher in diesem Kontext über seinen Fleischer redet. Platziert man das Adverbial *am liebsten* nun nicht im Vorfeld, sondern jeweils in der Mittelfeldposition wie in (37), ist in (37a) die Lesart aus (36a) natürlich und in (37b) die Interpretation aus (36b). Diese Beobachtung ist für uns in einer Diskussion der Rolle der MPn in der FHG insofern relevant, als dass MPn und Adverbien die gleiche Funktion zugeschrieben wird, den linken VP-Rand zu markieren. In (37a) wird die NP *den Metzger*, für die wir gerade gesehen haben, dass sie links des Adverbs als Hintergrund interpretiert wird, aus ihrer Basisposition als direktes Objekt innerhalb der VP im Mittelfeld umgestellt.

(38) Ich möchte [den Metzger]$_1$ <u>am liebsten</u> $_{+F}$[t$_1$ UMbringen].

Derartige Daten hat man als Evidenz für die Annahme behandelt, dass eine Konstituente links einer MP oder eines Adverbs nicht als Fokus interpretiert werden kann. Wenn eine Phrase nicht als Fokus interpretiert werden kann, heißt das wiederum, dass sie weder selbst ein F-Merkmal trägt, noch dass sie Teil einer größeren Fokusdomäne ist. Das heißt, sie kann nicht selbst Fokusexponent sein und auch nicht in einen Projektionsbereich fallen. Nach dieser Argumentation kann links von MPn innerhalb des Mittelfeldes somit kein fokussiertes Material stehen und die Konstituenten, die dort stehen, müssen aus dem Bereich rechts der MP dorthin bewegt worden sein. Für (33) und (34) lässt sich für die umgestellten Phrasen tatsächlich plausibel annehmen, dass es sich um Hintergrundmaterial handelt. Die NP *seiner Mutter* ist vorerwähnt, zentral ist hier die Information hinsichtlich Karls Aufmerksamkeit, das heißt das Schicken des Telegramms. In (34) tritt mit *das* ein unakzentuiertes, anaphorisch verwendetes Pronomen auf. Im Mittelpunkt steht die Einschätzung, dass es sich bei *das* um „eine ganze Menge" handelt.

Mit diesen Ausführungen wäre dann erklärt, wie die Annahme entsteht, die Fokusprojektion würde nach links durch MPn blockiert. Links der MP kann im Mittelfeld kein Fokuselement stehen und somit auch kein Element, das Teil einer größeren, durch Projektion entstandenen, Fokusdomäne ist.

Die Einschätzung der (un)möglichen Fokusdomänen in (30) bis (32) habe ich absichtlich zurückgestellt. Nach den obigen Annahmen sollte (30) eine akzeptable Antwort auf die Fragen in (31), nicht aber die Fragen in (32) sein. Meines Erachtens handelt es sich bei (30) um eine adäquate Fortführung aller Fragen in (31) und (32) (zu dem gleichen Schluss in Bezug auf ähnliche Sätze kommt auch

Meibauer 1994: 87), so dass die Annahme der prinzipiellen Blockierung der Fokusprojektion durch MPn, die nicht am linken Mittelfeldrand stehen, anscheinend nicht haltbar ist. Büring (2006: 160f.) diskutiert die Beispiele in (36) auch eigentlich zunächst entlang des Kriteriums der Akzentuierung und weist darauf hin, dass nicht klar ist, ob es bei der Beschränkung der Umstellungen um Fokussierung oder Akzentuierung des versetzten Elementes geht, die in vielen (aber eben nicht allen) Fällen zusammenfallen. Akzentuierung allein kann es unseren Beobachtungen zu den minimal fokussierten Phrasen links der MP zufolge aber auch eigentlich nicht sein.

Wir können die Unklarheiten an dieser Stelle nicht beseitigen, sondern nur zur Kenntnis nehmen und wollen deshalb festhalten, dass MPn ein Anzeiger für die FHG im Satz sein können (Fokus rechts, Hintergrund links der MP), dass ein Abweichen von dieser Aufteilung aber durchaus zu beobachten ist und die Gesetzmäßigkeiten, nach denen dies passiert, noch nicht vollständig geklärt sind.

7.3   MPn in der Thema-Rhema-Gliederung

Hinsichtlich der Rolle von MPn in der TRG im Satz ist eine oft vertretene Annahme, dass MPn zwischen dem Thema und dem Rhema stehen: Thema > MP > Rhema. In einer frühen Arbeit zu MPn heißt es beispielsweise:

> Die modale Partikel ist eine Art „Wasserscheide" zwischen dem Gegebenen und dem Neuen (dem Thema und dem Rhema) […]: die Wörter, die links der Modalpartikel stehen, sind das Gegebene (das Thema), die rechts der Modalpartikel stehen, sind das Neue (das Rhema).   (Krivonosov 1977: 202)

Ein Beispiel, das diese Annahmen stützt, findet sich in (39).

(39)   (A: genau so, wie ich es ablehne im Winter in den Sommer zu fahren, nicht?)
    B: obwohl [die Leute] [das] heute **schon** als [Traumreisen] empfinden.
            th   th   rh
                                    (Ormelius-Sandblom 1997: 111)

In (39) ist *das* anaphorisch auf ‚im Winter in den Sommerurlaub fahren' zu beziehen und ist somit eindeutig thematisch. Die NP *die Leute* wird zwar nicht explizit vorerwähnt, aber aus dem Kontext (A spricht z.B. von seiner eigenen Haltung und man erwartet in gewissem Sinne eine Information über andere in dieser Thematik) ist auch diese Einheit als gegeben einzustufen. Diese beiden thematischen Konstituenten stehen hier – im Einklang mit der obigen Generalisierung – links der MP. Von Traumreisen ist bisher keine Rede. Diese NP ist folglich rhematisch zu interpretieren. Wie nach dem Abfolgeprinzip Th > MP > Rh zu erwarten, steht sie rechts der MP. Genauso weisen die NPs in (40) relativ zur MP die typischen Positionen auf.

(40) A: Hans ist trotz eines Kilos Heroin im Koffer freigesprochen worden.
B: Da muß er [dem Staatsanwalt] **schon** [eine schöne Geschichte] erzählt
haben.   th   rh
                         (Ormelius-Sandblom 1997: 110)

Weltwissen erlaubt es uns anzunehmen, dass zu einem Gerichtsverfahren (Freispruch) ein Staatsanwalt gehört. Auch hier ist folglich aus dem Vorgängerbeitrag die Bekanntheit der NP *der Staatsanwalt* abzuleiten. Dass Hans nach Ansicht von B eine schöne Geschichte erzählt hat, ist allerdings neue Information.

Ähnlich wie MPn einen Hinweis auf die vorliegende FHG geben können, können sie folglich auch rhematische und thematische Einheiten des Satzes voneinander trennen. Das Bild ist aber wiederum nicht derart eindeutig. Man findet beispielsweise durchaus Äußerungen, in denen Thematisches auf die MP folgt. In (41) z.b. bezieht sich *einen* auf *Fotoapparat*, der durch Bs Vorgängerbeitrag bekannt ist. Die NP steht aber rechts der MP, wo nach der obigen Abfolgeregularität nur rhematische Elemente stehen sollten.

(41) A: Soll man denn immer alles Zeug mit sich schleppen? Und im Hotel ist
es ja dann genau so wenig sicher.
B: Sagen Sie, müssen Sie denn unbedingt n Fotoapparat mitnehmen?
C: Ich würd **schon** [einen] mitnehmen.
                  th   (Ormelius-Sandblom 1997: 111)

Nicht zu Akzeptabilität scheint allerdings die Abfolge zu führen, bei der das Rhema der MP im Mittelfeld vorangeht.

(42) A: Karl vergißt wohl hoffentlich nicht seine Mutter?
a. B₁: Nein, er wird ihr **schon** [ein Buch] kaufen.
                          rh
b. B₂: *Nein, er wird ihr [ein Buch] **schon** kaufen.
                      rh   (Ormelius-Sandblom 1997: 112)

Die zwei Fragen, die sich aus diesen Beobachtungen ableiten, sind 1) Warum steht das Thema oftmals vor der MP? und 2) Warum führt die Stellung des Rhemas vor der MP zu Inakzeptabilität? Die mögliche Beantwortung beider Fragen basiert auf dem Zusammenspiel zwischen FHG und TRG.

Angenommen, MPn markieren die linke VP-Grenze und somit den linken Mittelfeldrand, müssen alle Mittelfeldkonstituenten links

71

einer MP aus ihrer Grundposition in der VP dorthin umgestellt worden sein. Geht man von der in Abschnitt 7.2 angeführten Annahme aus, dass links einer MP keine Fokuskonstituenten stehen können, muss es sich um Hintergrundmaterial handeln. Wenngleich wir in Abschnitt 7.1 festgestellt haben, dass die FHG und die TRG nicht stets direkt parallel verlaufen, gibt es dennoch eine gewisse Zuordnung. Oftmals korrelieren der Hintergrund und thematisches Material. Gegebene Information hat plausiblerweise oftmals nicht den höchsten Mitteilungswert einer Äußerung. Im Standardfall wird das Thema auch nicht intonatorisch hervorgehoben. Wenn thematische Konstituenten vorangestellt werden, entfernt der Sprecher die (gegebene) Information folglich aus dem Fokusbereich des Satzes und zeigt dadurch an, welche Information wichtig ist, nämlich oftmals die rhematische. Eine Umstellung im Mittelfeld über eine MP führt dann zu einer Aufteilung des Satzes in Thema und Rhema. Dieses Zusammenspiel von TRG und FHG erklärt die typische Abfolge Th > MP > Rh. Wie wir gesehen haben, muss Thematisches aber nicht aus dem Fokusbereich versetzt werden; es kann auch rechts der MP auftreten. (43) zeigt dies erneut. (43a) ist die Abfolge, die aus der obigen Begründung resultiert. (43b) mit dem Themaausdruck rechts der MP ist aber ebenfalls akzeptabel.

(43) A: Hans ist trotz eines Kilos Heroin im Koffer freigesprochen worden.
 a. B$_1$: Da muß er [dem Staatsanwalt]$_1$ **schon** t$_1$ [eine schöne Geschichte]
      erzählt haben.   th   rh
 b. B$_2$: Da muß er **schon** [dem Staatsanwalt] [eine schöne Geschichte]
      erzählt haben.   th   rh

Wenden wir uns der zweiten Frage zu, wie sich erklären lässt, dass das Rhema nicht gut vor der MP platziert werden kann. Es lässt sich auch hier für einen Zusammenhang zwischen TRG und FHG argumentieren: Da das Rhema stets neue Information ausmacht, scheint es plausibel, anzunehmen, dass es immer fokussiert sein muss. Neue Information hat im Satz in der Regel auch einen hohen Mitteilungswert. Der Umkehrschluss ist sicherlich nicht zulässig, da es durchaus Gründe geben kann, Thematisches fokussieren zu wollen. Die Inakzeptabilität von (42b) folgt dann, da *ein Buch* sich nach seiner Umstellung nicht mehr in der Fokusdomäne befindet. Man müsste unter dieser Ableitung zusätzlich annehmen, dass eine im Mittelfeld umgestellte Phrase ihr Fokusmerkmal nicht mitnehmen kann beziehungsweise, dass die F-Merkmalzuweisung erst nach der Umstellung stattfindet. Die Alternative, über die *ein Buch* ein F-Merkmal erhalten könnte, wäre seine separate Fokussierung. Auch diese Realisierung scheint zu einem wenig akzeptablen Resultat zu führen.

(44) B₃: ??Nein, er wird ihr +F[ein BUCH]₁ **schon** +F[t₁ KAUfen].

rh (Ormelius-Sandblom 1997: 114)

Ormelius-Sandblom (1997: 114) vermutet, dass der Satz inakzeptabel ist, weil es hier keinen Anlass gibt, das Rhema aufzuspalten, da es als Handlung Karls eine Einheit bildet.

Da rhematisches Material rechts der MP der Anforderung, fokussiert zu sein, einfach nachkommen kann, erklärt sich seine ungebräuchliche Stellung fern des Fokusbereichs.

Aufgabe 8: Welchen Status haben die geklammerten Konstituenten in den folgenden Belegen aus der gesprochenen Sprache in der TRG? Wie lässt sich ihre Stellung relativ zur jeweiligen MP im Satz erklären?

(Wenn die westdeutschen Bauern etwas zu sagen hätten über sich und das Schicksal der Bauern bestimmen könnten überhaupt…),
da würden [wir] **doch** sicher [eine ganz andere LAge] haben.
(Ormelius-Sandblom 1997: 111)

Tom: Da gibts doch jetzt diese BMX-Räder. Und Ruth möchte unbedingt so eins haben. Jetzt hat sie ein gebrauchtes an der Hand, das allerdings immer noch ziemlich teuer ist.
Hedi: Und was macht ihre Mutter?
Tom: Naja, du kennst sie doch. Sie [KAUFT] **eben** dieses Fahrrad.
(Thurmair 1989: 31)

[…] (nun) die Gründe die mögen in dem mäßigen Abschneiden der Hamburger Mannschaft in der Intertotorunde liegen, die dem HSV vor dem letzten Spiel am Sonnabend bisher nur Niederlagen auswärts brachte zuhause dann einen Sieg und ein Unentschieden bescherte […].
[Große STARS] hat [man] **ja** [beim HSV] in diesem Jahr nicht eingekauft
(nach Ormelius-Sandblom 1997: 111)

Grundbegriffe: Informationsstruktur, Fokus-Hintergrund, Thema-Rhema, Fokussierung, Fokusprojektion, enger und weiter Fokus, Fokusexponent, F-Merkmal, Informations-/Kontrast-/Korrektur-/Bestätigungsfokus, Frage-Antwort-Kongruenz

Weiterführende Literatur: Moroni (2010) beschäftigt sich – vor allem auf der Basis gesprochener Daten – mit dem Stellungsverhalten von MPn in der IS hinsichtlich einer weiteren Kategorie der IS, dem *Topik*. Ormelius (1993), Meibauer (1994: Kapitel 3) und Ormelius-Sandblom (1997: 129ff.) diskutieren ganz ähnliche Fragen ebenfalls bei betonten MPn beziehungsweise fragen sie sich, wie sich die Betonung der MPn in eine Theorie der IS integrieren lässt.

8. MPn und Satz-/Illokutionstypen

Eine Eigenschaft, die MPn typischerweise zugeschrieben wird, und die wir in der Übersicht in Kapitel 2 ausgespart haben, ist, dass MPn nicht in allen Satz- beziehungsweise Äußerungstypen auftreten können, wie man in (1) bis (5) an einigen Verteilungen sieht.

(1) Island ist **doch/eben/halt/ja/schon/*nur/*JA/*bloß/*denn** ein beliebtes Reiseziel.

(2) a. Fahren **denn/eigentlich/wohl/etwa/*ruhig/*eben/*halt** Touristen im Winter dorthin?
   b. Wann geht es **eigentlich/bloß/nur/*JA/*hübsch/*schlicht** los?

(3) Zieh dich **ruhig/nur/JA/eben/*ja/*wohl/*denn/*eigentlich** warm an!

(4) Wäre es **bloß/doch/nur/*aber/*denn/*wohl** länger hell!

(5) a. Wieviel URlaub machst du **(aber) auch/bloß/doch/*wohl/*hübsch/ *jetzt!**
   b. Macht DIE **aber/vielleicht/ja/*halt/*doch/*denn** schöne Reisen!

Wir wollen uns in diesem Kapitel mit drei Aspekten rund um diese Beobachtung beschäftigen. Zunächst geht es in Abschnitt 8.1 um die Frage, ob die Auftretensmöglichkeiten durch formale oder funktionale Kriterien gesteuert werden. In Abschnitt 8.2 und 8.3 sehen wir dann, dass es Satzkontexte gibt, in denen das Auftreten von MPn typisch oder sogar obligatorisch ist.

8.1 Auftretensbeschränkungen: Form oder Funktion?

Sätze/Äußerungen lassen sich auf verschiedenen Ebenen beschreiben. Grundlegend unterscheidet man bei einer solchen Beschreibung zwischen **Form** und **Funktion**. Möchte man die Form der Sätze in (1) bis (5) charakterisieren, unterscheiden sie sich beispielsweise in der Position des finiten Verbs (das hier in der ersten beziehungsweise zweiten Stelle der Sätze auftritt), im Verbmodus (hier Indikativ vs. Konjunktiv II vs. Imperativ), in der Intonation (z.B. fallender Verlauf in (1) vs. steigender in (2a)) oder in der Akzentuierung (in (5) liegt eine auffällige Akzentuierung der ersten Silbe von *Urlaub* beziehungsweise von *die* vor (ein sogenannter **Exklamativakzent**), die in den anderen Sätzen nicht zu beobachten ist). Neben derartigen Formunterschieden kann man aber auch Unterschiede in der Verwendung der Sätze ausmachen. Mit (1) macht man im Gespräch z.B. eine Feststellung, mit (2) stellt man Fragen und mit (3) kann man Ratschläge (oder auch Empfehlungen, Befeh-

74

le, Aufforderungen) aussprechen. (4) dient des Ausdrucks eines Wunsches, mit (5) macht ein Sprecher einen Ausruf. Nimmt man eine solche Zweiteilung in Form und Funktion vor, spricht man auch vom **Satztyp** (= **Form**) und **Illokutionstyp** (= **Funktion**). In manchen Arbeiten kam und kommt es immer noch gelegentlich zu Verschmischungen dieser beiden Aspekte, und zwar insbesondere dann, wenn im Zuge derartiger Beschreibungen stattdessen ungenauer von **Satzarten** gesprochen wird. Man tut folglich gut daran, zwischen Form und Funktion (auch terminologisch) sauber zu unterscheiden. Um Vermischungen und Missverständnissen vorzubeugen, verwenden wir deshalb auch lateinische Bezeichnungen für die Satztypen und deutsche Bezeichnungen für die Illokutionstypen. (6) zeigt die zwei Beschreibungsmöglichkeiten für die Sätze aus (1) bis (5) in der Übersicht (vgl. Thurmair 1989: 44).

(6) **Form & Funktion**

Form Satztyp	Funktion Illokutionstyp	Beispiel
V2-Deklarativsatz • eine Konstituente im Vorfeld, die kein w-Pronomen ist • V2-Stellung • kein Imperativ fallender Intonationsverlauf	Feststellung Behauptung Hypothese etc.	*Island ist ein beliebtes Reiseziel.*
V1(E)-Interrogativsatz • V1-Stellung • kein Imperativ • steigender/fallender Intonationsverlauf	Entscheidungsfrage	*Fahren Touristen im Winter dorthin?*
V2-w-Interrogativsatz • w-Pronomen im Vorfeld • V2-Stellung • kein Imperativ • fallender Intonationsverlauf	Ergänzungsfrage	*Wann geht es los?*
V1-Imperativsatz • V1-Stellung • Imperativ • fallender Intonationsverlauf	Befehl Bitte Empfehlung Anordnung etc.	*Zieh dich warm an!*
V1-Optativsatz • V1-Stellung • Konjunktiv II • fallender Intonationsverlauf	Wunsch	*Wäre es doch/bloß/nur länger hell!*

V2-w-Exklamativsatz • w-Pronomen im Vorfeld • V2-Stellung • Indikativ • fallender Intonationsverlauf • Exklamativakzent	Ausruf	*Wieviel URlaub machst du!*
V1(Satz)-Exklamativsatz • V1-Stellung • Indikativ • Exklamativakzent • fallender Intonationsverlauf	Ausruf	*Macht DIE schöne Reisen!*

Mit der Unterscheidung zwischen *Form* und *Funktion* beziehungsweise *Satztyp* und *Illokutionstyp* stehen uns nun zwei mögliche Differenzierungen zur Verfügung, wenn wir Sätze/Äußerungen beschreiben wollen. Die Frage ist, auf welcher der zwei Ebenen das Auftreten von MPn bestimmt wird. Können MPn nur in bestimmten Satztypen auftreten oder entscheidet der Illokutionstyp, ob eine bestimmte MP auftreten kann? Mit anderen Worten: Sind die Auftretensrestriktionen form- oder funktionstypgesteuert?

Thurmair (1993) ist dieser Frage nachgegangen, indem sie sich z.b. verschiedene Möglichkeiten (im Sinne von Form/Satztyp) angeschaut hat, den Illokutionstyp (= Funktion) der Aufforderung zu realisieren. Zu den Formtypen, die eine Aufforderung realisieren können, zählen z.b. der V1-Imperativsatz [(7)], *dass*-VL-Satz [(8)], infinite Strukturen [(9)], die *ob*-VL-Aufforderung [(10)], E-Interrogativsätze [(11)] sowie V2-Deklarativsätze mit Modalverb [(12)].

(7) Mach die Tür zu!
(8) Dass du (JA) die Tür zumachst!
(9) Tür zumachen! (Infinitiv)
(10) OB du gleich die Tür zumachst! (*ob*-VL-Aufforderung)
(11) Machst du die Tür zu? (E-Interrogativsatz mit Adressatenbezug)
(12) Du musst die Tür zumachen! (nach Thurmair 1993: 25f.)

Wenn es so wäre, dass das Auftreten von MPn mit dem Illokutionstyp zusammenhängt, sollte es so sein, dass in ein und demselben Illokutionstyp die gleichen MPn stehen können. Wenn wir allein die sechs Realisierungsmöglichkeiten aus (7) bis (12) anschauen, stellen wir fest, dass dies nicht gegeben ist. Die Tabelle in (13) (vgl. Thurmair 1993: 27) zeigt uns, dass nicht alle MPn in allen diesen Formtypen auftreten können.

(13)

	auch	bloß	doch	eben	halt	JA	mal	nur	ruhig	schon	wohl
a. Mach __ die Tür zu!	+	+	+	+	+	+	+	+	+	+	-
b. Dass du __ die Tür zumachst!	+	+	-	-	-	+	-	+	-	-	-
c. Tür __ zumachen!	-	+	-	-	-	+	+	+	-	-	-
d. OB du __ gleich die Tür zumachst!	-	-	-	-	-	-	-	-	-	-	+
e. Machst du die Tür zu?	-	-	-	-	-	-	+	-	-	-	-
f. Du musst die Tür zumachen.	-	+	-	-	-	+	+	-	+	-	-

Die Verteilungen sprechen folglich dagegen, zu sagen, dass das Auftreten von MPn in einem Satz/einer Äußerung vom Illokutionstyp abhängig ist. Das Verhalten von MPn im gleichen Illokutionstyp sollte gleich sein. Für den Illokutionstyp der Aufforderung sehen wir hier aber, dass dies nicht der Fall ist.

Aufgabe 9: Überlegen Sie sich Beispiele zu den folgenden Interrogativsatztypen und überprüfen Sie anhand der Verteilung der MPn *auch*, *bloß*, *denn*, *doch* und *eigentlich*, ob aus dem Ergebnis zu schließen ist, dass der Satztyp oder der Illokutionstyp die Auftretensmöglichkeiten von MPn steuert. (Untersuchung aus Thurmair 1993: 31ff.)

V1-Interrogativsatz – w-V2-Interrogativsatz – w-VL-Interrogativsatz – *ob*-VL-Interrogativsatz

Die Beobachtung, dass in illokutiv gleichen, formal aber unterschiedlichen, Sätzen jeweils ganz verschiedene MPn auftreten, scheint generell für die Verteilung von MPn in Verbletztsatztypen (im Vergleich mit ihren Verberst- beziehungsweise Verbzweitsatzvarianten) zu gelten (vgl. Thurmair 2013: 647f.). Bei den hier betroffenen Satztypen handelt es sich um selbständige Sätze, die durch Konjunktionen wie *dass*, *ob*, *wenn* eingeleitet werden und bei denen sich das finite Verb in der Endposition befindet. Es liegt dann die Wortstellung vor, die eigentlich typisch für Nebensätze ist, das heißt, es geht um Paare wie in (14) und (15).

(14) a. Wollen am 2. Adventswochenende viele Leute den Weihnachtsmarkt besuchen?

b. Ob am 2. Adventswochenende (**wohl**) viele Leute den Weihnachtsmarkt besuchen wollen?

(15) a. Wäre es **doch** etwas leerer!

b. Dass/wenn es **doch** etwas leerer wäre!

Ein Deklarativsatz beispielsweise weist im Standardfall Verbzweitstellung auf. Wie wir an (16) sehen, können dann prinzipiell eine ganze Reihe von MPn auftreten.

(16) Sie hat **auch/doch/eben/halt/ja/schon/wohl** ein neues Kostüm gekauft.

Die Anzahl der MPn, die im peripheren *wo*-VL-Deklarativsatz (vgl. (17)) zulässig sind, ist dagegen wesentlich geringer. *Doch* kann stehen und ist nach Ansicht mancher Autoren sogar obligatorisch in diesem Satztyp (vgl. z.B. Kwon 2005: 183, Thurmair 2013: 640).

(17) Natürlich geht sie zu dem Empfang. Wo sie **doch** ein neues Kostüm gekauft hat. (Thurmair 2013: 640)

Partikeln außer *doch* scheinen eher unüblich für diesen Typ von Deklarativsatz. Eine Erklärung dieser Restriktion könnte so verlaufen, dass aus der (möglicherweise) speziellen Interpretation und (damit gegebenenfalls verbundenen) besonderen Verwendung dieses Deklarativsatzes eine Inkompatibilität mit manchen der in Deklarativsätzen prinzipiell erlaubten MPn eintritt. In der Literatur werden (eingebetteten) *wo*-VL-Sätzen kausale und konzessive Lesarten zugeschrieben (vgl. Pasch 1999).

(18) a. Wieso beschimpft er mich, wo ich ihn **doch** ständig verteidige.
          (= *obwohl* ich ihn doch ständig verteidige [konzessiv])

      b. Du solltest besser nicht spazieren gehen, wo es **doch** so regnet.
          (= *da* es doch so regnet [kausal]) (Pasch 1999: 139)

Da in anderen Kausal- und Konzessivsätzen (vgl. (19)) durchaus andere Partikeln der im Deklarativsatz generell zulässigen zu finden sind, ist es scheinbar nicht diese im Vergleich zu V2-Deklarativsätzen (die schließlich nicht konzessiv oder kausal interpretiert werden müssen) speziellere Verwendung, über die sich das beschränktere Auftreten von MPn erfassen lässt.

(19) a. Schumann: [...] Wenn einer das von der Basis gelernt hat und keiner dieser Event-Köche ist, dann schau ich dem gern zu.
          NZ: Wem zum Beispiel?
          Schumann: Meinem Freund Alfons. Obwohl der **halt** überall ist, Hansdampf in allen Gassen. [...]
          (Nürnberger Zeitung, 8.11.2011)

      b. Allerdings dürfte es bis dahin Herbst nächsten Jahres werden, da hier **wohl** begrenzte Produktionskapazitäten bei dieser innovativen Diesel-Technologie eine Rolle spielen. (Frankfurter Rundschau, 11.9.1999)

c. Ich gebe mal die Links zu den Bildern. Vorher und nachher. <u>Denn</u> kann **ja** sein, dass die im Englischsprachigen was übersehen haben. (Diskussion: Libanon Krieg 2006, Archiv 5, Wikipedia 2011)

d. 3.000 Besucher damals werden sicher für lange Zeit Zuschauerrekord bleiben, <u>zumal</u> Landesligaspiele **eben** nie so zugkräftig sein können. (Salzburger Nachrichten, 23.4.1996)

Wenn sich auf diese Art auf interpretatorischer Seite kein Kriterium finden lässt, ist es (wiederum) plausibel, anzunehmen, dass die Beschränkung auf die Form der Sätze zurückgeht. *Wo*-VL-Deklarativsätze erlauben nur das Auftreten einer Teilmenge der MPn, die in V2-Deklarativsätzen zulässig sind.

8.2 Obligatorisches Auftreten

In Kapitel 2 haben wir angenommen, dass MPn stets fakultative Elemente sind, das heißt, sie sind keine obligatorischen sprachlichen Einheiten, ohne deren Anwesenheit ein Satz ungrammatisch wäre. Bestimmte Satztypen bringen diese Annahme nun allerdings ins Wanken. Es gibt nämlich Satztypen, die nur als diese interpretiert werden können, wenn ganz bestimmte MPn auftreten. Dies gilt insbesondere für Optativsätze, die in der Funktion des Wunsches verwendet werden.

(20) a. Wäre ich **doch/nur/bloß/doch nur/doch bloß** reich!
b. Wenn ich **doch/nur/bloß/doch nur/doch bloß** reich wäre!

Nur wenige MPn können in Optativsätzen überhaupt stehen. Diejenigen, die vorkommen können, sind aber sehr häufig vertreten. Lässt man die MPn in Sätzen wie in (21) aus, sind diese nicht als Optativsätze zu interpretieren.

(21) a. Wenn der, von dem Sie sprechen, das Geld beschaffen könnte!
b. A: Ein Bohrer!
B: Wie durften Sie ihn in die Tasche stecken! Tödlich hätte er Sie verwunden können.
A: Wenn es Sie bewegte! (Scholz 1991: 123)

Optativsätze scheinen folglich auf das Auftreten einer der obigen MPn/MP-Kombinationen angewiesen zu sein. Die Verhältnisse sind hier folglich andere, als wenn sich die Interpretation von gleichen Satztypen je nach auftretenden MPn verändert, wie z.B. in (22) (vgl. Thurmair 2013: 637).

(22) a. (Heute gibts Gemüseauflauf.) Ina isst **ja** kein Fleisch.
b. (Du kannst keinen Gänsebraten machen.) Ina isst **doch** kein Fleisch.

c. (Klar, dass sie den Teller nicht leer isst.) Ina isst **eben** kein Fleisch.

(Thurmair 2013: 634)

In (23) sind verschiedene Kontexte passend, die sich erklären, wenn wir annehmen, dass der Sprecher mit *ja* auf gemeinsames Wissen verweist, der Adressat dies im Falle der Verwendung von *doch* aktuell nicht aktiviert hat und *eben* anzeigt, dass die Vorgängeräußerung offensichtlich ist. Trotz dieser Interpretationsunterschiede bleibt es hier aber bei Deklarativsätzen, und zwar unabhängig davon, welche und ob überhaupt eine MP auftritt.

Als Grund für das obligatorische Auftreten einer dieser MPn/MP-Kombinationen in Optativsätzen wird in der Literatur angeführt, dass MPn mitunter das einzige Mittel sind, um Optativsätze von anderen Satztypen unterscheiden zu können. In manchen Fällen kann hier die intonatorische Realisierung (das heißt Akzente, Tonhöhenverläufe) Hilfestellung leisten. Davon abgesehen gibt es neben MPn allerdings kein Kriterium, um die Sätze in (23) voneinander abzugrenzen. Sie weisen alle V1-Stellung auf und sind auch ansonsten segmental identisch.

(23) a. Hätte Peter ****doch/denn** gelacht? (V1-Interrogativsatz)
 b. Hätte Peter ****doch/vielleicht** geLACHT! (V1-Exklamativsatz)
 c. Hätte Peter **doch** gelacht! (V1-Optativsatz)
 d. Hätte Peter ****doch** gelacht, wäre die Situation angenehmer gewesen.

(V1-Konditionalsatz)

Da *doch* in allen Sätzen – ausgenommen (23c) – ungrammatisch ist, fungiert es hier folglich maßgeblich als Anzeiger des Optativsatzes. Ähnliches gilt auch für das Paar in (24).

(24) a. Wenn **nur/bloß** Semesterferien wären! (V1-Optativsatz)
 b. Wenn **nur/bloß** Semesterferien wären, würde Peter jeden Tag zwei Stunden länger schlafen. (V1-Konditionalsatz)

Nur und *bloß* können zwar sowohl in (24a) als auch (24b) prinzipiell auftreten, im Konditionalsatz können sie dabei aber nur als Gradpartikel interpretiert werden (im Sinne von ‚Wenn ausschließlich Semesterferien wären (und nicht zusätzlich noch Schulferien) [weshalb Peters Kinder zu Hause sind], würde Peter…'). Schwierig wird es bei Beispielen dieser Art gegebenenfalls, weil man *nur/bloß* im Konditionalsatz zwar nicht als MPn lesen kann, im Optativsatz aber auch die Interpretation als Gradpartikel zulässig ist. In diesem Fall wünscht Peter sich, dass ausschließlich Semester- (und nicht auch) Schulferien wären. Die Frage ist dann aber, ob die anderen Markierungen wie einleitendes *wenn*, Konjunktiv II oder Intonation ausreichen, um die Interpretation als Optativsatz zu garantieren.

Scholz (1991: 125) nimmt die folgende Skala an, die die von links nach rechts steigende Wahrscheinlichkeit der Optativsatzinterpretation abbildet.

(25) a. Käme er → Ach käme er → Ach k ä me er → Ach k ä me er doch!
→ Ach k ä me er doch nur!
b. Wenn er käme → Ach wenn er käme → Ach w e n n er käme! →
Ach w e n n er doch käme! → Ach w e n n er doch nur käme!

Wir sehen, dass verschiedene Merkmale eine Rolle spielen (Konjunktiv II, Akzentuierung [hier durch die Sperrung angezeigt], Interjektionen, Konjunktion, MPn) und dass sich diese Merkmale quasi ‚aufaddieren': Je mehr dieser Merkmale vertreten sind, umso wahrscheinlicher ist die Interpretation als Optativsatz. Deutlich wird an diesen Skalen aber auch, dass das Auftreten von MPn maßgeblich eine Rolle spielt, diese Lesart zu erzeugen. Sind sie doch Teil der Strukturen im obersten Skalenabschnitt.

Verschiedene Argumente und Beobachtungen scheinen folglich zu rechtfertigen, dass der Optativsatz eine Umgebung darstellt, in der MPn nicht als fakultative Einheiten angesehen werden können, weil sie maßgeblich an der Konstitution des Satztyps beteiligt sind. (Vgl. aber auch Grosz 2013: 157ff. zu Optativsätzen ohne MPn.)

8.3 Typisches Auftreten

In anderen Fällen sind MPn zwar nicht obligatorisch und damit für den Satztyp konstitutiv, aber dennoch typisch. Typische Verbindungen liegen z.B. vor zwischen Partikeln wie *denn*, *eigentlich*, *etwa* und Interrogativsätzen oder *mal*, *ruhig* und Imperativsätzen. Wenn diese MPn auftreten, sind die jeweiligen Satztypen leicht zu erkennen, aber natürlich können die Satztypen auch ohne die MPn vorliegen.

(26) a. Backt Astrid ø/**denn**/**eigentlich**/**etwa** Rhabarbarkuchen?
b. Was backt Astrid ø/**denn**/**eigentlich**?

(27) Geh ø/**mal**/**ruhig** in den Keller!

Dies ist von daher interessant, als dass selbst so eine Typizität für manche MPn nicht gilt. Die MP *doch* z.B. hat eine recht freie Verteilung. Sie tritt in Deklarativ-, Imperativ- und auch w-Interrogativsätzen auf.

(28) a. Köln hat **doch** sechs Weihnachtsmärkte.
b. Reservier **doch** einen Tisch!
c. Wie heißt **doch** (gleich) die U-Bahn-Station an der Breite Straße?

Ihre pure Anwesenheit lässt somit keine Rückschlüsse auf den vorliegenden Satztyp zu. Das heißt, die Zuordnungen von MPn und Satztypen sind nicht immer gleichermaßen eindeutig.

Als konkreten Fall für ein typisches Auftreten betrachten wir im Folgenden den Exklamativsatz näher. Klammern wir die VL-Exklamativsatztypen aus, unterscheidet man auf Seite der Satztypen zwischen V1/V2- und w-Exklamativsätzen.

(29) a. Ist die **aber/vielleicht** dünn! (V1-Exklamativsatz)
    b. Die ist **aber/vielleicht** dünn! (V2-Exklamativsatz)

(30) Was sind wir (**aber**) **auch/doch/bloß/nur** für blöde Kerle!
                                           (w-Exklamativsatz)
                                           (Thurmair 2013: 637/638)

Wie bei den Optativsätzen ist die Menge der möglichen MPn recht klein und sind die Bedeutungsunterschiede zwischen ihnen gering. Das heißt, deutliche Interpretationsunterschiede wie in (22) stellen sich auch hier nicht ein (vgl. Thurmair 2013: 637f.). Es finden sich für Exklamativsatztypen auch Varianten, in denen gar keine MP auftritt.

(31) a. Wie ist sie schön!
    b. Wo war die nicht alles!   (Rosengren 1997: 163/164)

(32) a. Ist die schön!
    b. Hat die verrückte Ideen!   (Rosengren 1992: 298)

(33) a. Komisch geht die!
    b. Das ist ein Idiot!   (Rosengren 1992: 264/267)

Die MPn konstituieren den Exklamativsatz somit zwar nicht mit, sie sind aber dennoch sehr typisch in dieser Umgebung.

Thurmair nimmt an, dass es hinsichtlich des MP-Auftretens einen Unterschied zwischen V1/V2- und w-Exklamativsätzen gibt, das heißt zwischen (29) und (30). In letzterem Typ würden MPn seltener auftreten als im ersten. Ihre Erklärung dafür scheint plausibel: Der w-Exklamativsatztyp ist weniger auf das Auftreten von MPn angewiesen, um als solcher erkannt zu werden, da genügend andere Merkmale vorliegen, die seiner Identifizierung dienen (das Einleitungselement *wie/was für ein* + graduierendes Adjektiv/wertendes Element, Akzent) (vgl. Thurmair 2013: 638). Der Umkehrschluss wäre dann für die V1/V2-Exklamativsätze, dass man es bei ihnen mit entsprechend weniger spezifischen Merkmalen zu tun hat. Wie wir oben gesehen haben, weisen in der Tat z.B. diverse andere Satztypen ebenfalls V1-Stellung auf und die V2-Stellung ist dazu die typische Wortstellung von Deklarativsätzen. Da der Exklamativakzent für diesen Satztyp charakteristisch ist, scheint hier aber auch die Intonation unterscheidende Funktion gegenüber anderen Satztypen zu leisten, so dass eine Verwechslung unwahrscheinlich scheint (vgl. d'Avis 2013: 181, 186). Bestätigung im Form von empirischer Evidenz für Thurmairs Annahme, dass MPn in w-Exklamativsätzen seltener wären, steht allerdings noch aus. Näf (1996: 140) findet in Romanen tatsächlich nur in 5% von 206 untersuchten Exklamativsätzen (V2 und VL) eine MP (und zwar *doch*). Dies bestätigt zwar Thurmairs Annahme an dieser Stelle, er weist aber auch nicht nach, dass MPn im V1/V2-Exklamativsatz entsprechend häufiger vertreten sind. In sieben V1-Exklamativsätzen (in Näf 2006: 96 in 267) findet er ebenfalls keine MPn. Für V2-Exklamativsätze macht er keine Angaben, auch weil diese oftmals (in geschriebener Sprache) schwer abzugrenzen sind von V2-Deklarativsätzen.

Bei *aber*, *vielleicht* und V1/V2-Exklamativsätzen sowie *(aber) auch*, *doch*, *nur*, *bloß* und w-V2-Exklamativsätzen lässt sich folglich von einer typischen Verbindung ausgehen. Die MPn sind nicht konstitutiv, liefern aber deutliche Hinweise für die Interpretation.

Aufgabe 10: Wie interpretiert man die Sätze in (a) bis (e)? Was verraten sie uns über die Funktion von MPn in Bezug auf Satz-/Illokutionstypen?

a. Kannst du mir 50 Euro leihen?
b. Kannst du mir **denn** 50 Euro leihen?
c. Kannst du **mal** 50 Euro leihen? (Thurmair 2013: 635)

d. Bist du still? (Zimmermann 2004: 257)
e. Bist du **wohl** still? (Struckmeier 2014: 30)

Grundbegriffe: Satztyp (Deklarativ-/E-/w-Interrogativ-/Exklamativ-/Imperativ-/Optativsatz), Illokutionstyp (z.B. Aussage, Frage, Aufforderung, Bitte, Befehl, Ausruf, Wunsch), Verberst-/Verbzweit-/Verbendsatz

Weiterführende Literatur: Sehr genaue Beschreibungen, welche MPn in welchen Satztypen zulässig sind, finden sich in Thurmair (1989) und Kwon (2005). Weitere Argumente für die Formtypgesteuertheit des MP-Auftretens führt Thurmair (1993) an. Einen generellen Überblick über die Thematik des Zusammenspiels von MPn und Satztypen bietet Thurmair (2013). Ansonsten sind Einzelarbeiten zu bestimmten Satztypen zu empfehlen, in denen in der Regel auch das MP-Vorkommen untersucht wird. Für einen ersten Überblick eignen sich hier die Handbucharktikel in Meibauer, Steinbach & Altmann (2013) zu den jeweiligen Satztypen. Ausführungen zu MPn in eingebetteten Sätzen finden sich (neben Thurmair 1989, 1993, Kwon 2005) auch in Coniglio (2011: Kapitel 4.1 bis 4.3).

9. MP-Kombinationen

Wie wir in Kapitel 2.4 anhand von Beispielen wie in (1) und (2) gesehen haben, können MPn kombiniert werden.

(1) a. Hast du **denn vielleicht mal** die Suppe probiert?
(Zifonun et al. 1997: 59)
   b. Kombinieren Sie **doch nur ruhig auch mal** Modalpartikeln!
(Aufsatztitel Thurmair 1991)

(2) a. Frag **doch ruhig**!
   b. Wir kennen uns **ja doch** so lange.
   c. Das kannst du **ja wohl** morgen erledigen.
   d. Wen hat er **denn bloß** damit gemeint?
   e. Weißt du **denn eigentlich**, wo das ist?

Zweierkombinationen wie in (2) sind dabei durchaus geläufig, längere MP-Sequenzen wie in (1) sind ohne Zweifel möglich, im Gebrauch allerdings eher unüblich.

Wir haben ebenfalls schon gesehen, dass sich nicht alle MPn beliebig miteinander kombinieren lassen, sowie, dass nicht alle denkbaren Abfolgen innerhalb einer MP-Sequenz (gleich gut) möglich sind.

(3) a. *Fährt die Fähre **doch hübsch/hübsch doch** an Silvester?
   b. *Haben Melanie und Philipp **eben etwa/etwa eben** im Sommer geheiratet?
   c. *Familie Dicke fährt **schon denn/denn schon** in den Urlaub.

(4) a. *Frag **ruhig doch**!
   b. *Wir kennen und **doch ja** so lange.
   c. *Das kannst du **wohl ja** morgen erledigen.
   d. *Wen hat er **bloß denn** damit gemeint?
   e. *Weißt du **eigentlich denn**, wo das ist?

In diesem Kapitel wollen wir uns anschauen, wie sich die Beschränkungen über die prinzipielle (Un)verträglichkeit sowie die (un)möglichen Abfolgen von kombinierten MPn formulieren und erklären lassen.

9.1 Schnittmengenbildung

Die Beobachtung aus (3), dass sich nur bestimmte MPn überhaupt miteinander kombinieren lassen, definiert Thurmair (1989: 205, 1991: 20) über eine **Schnittmengenbedingung**, die auf die **Satztypen**, in denen die beteiligten MPn auftreten können, Bezug nimmt.

Wir wollen in diesem Kapitel die sieben Satztypen in (5) unterscheiden (vgl. auch Abschnitt 8.1).

(5) Deklarativsatz: Anja hat eine schöne Wohnung.
E-Interrogativsatz: Wohnt Anja hier schon lange?
w-Interrogativsatz: Wer wohnt in dieser Wohnung?
Imperativsatz: Putz die Wohnung!
Optativsatz: Hätte ich doch auch so eine Wohnung!
(Satz)exklamativsatz: DU hast eine schöne Wohnung!
w-Exklamativsatz: Wie HELL ist die Wohnung!

Die Schnittmengenbedingung sieht so aus, dass eine MP, die nur in
Satztyp Z auftreten kann, und eine andere MP, die nur in Satztyp Y
auftreten kann (Z und Y stehen hier als Platzhalter für einen belie-
bigen (aber nicht identischen) Satztyp, das heißt z.b. Deklarativ-
oder Imperativsatz), nicht kombiniert werden können. Eine MP, die
in Satztyp X und Y auftreten kann, kann mit einer anderen MP
kombiniert werden, die in Satztyp Y und Z auftreten kann. Die
Kombination ist dann allerdings nur in Satztyp Y möglich. Mit anderen Worten sind nach dieser **syntaktisch-distributionellen
Schnittmengenbedingung** Kombinationen nur in solchen Satztypen zulässig, in denen jede MP auch alleine auftreten kann.

Illustrieren wir Thurmairs Definition anhand der Kombinationen
aus *ja* und *doch*: Diese beiden MPn können in Isolation nicht im E-
Interrogativsatz auftreten. Folglich ist auch die Kombination ausgeschlossen.

(6) *War es **doch/ja/ja doch** schön im Urlaub?

Im w-Interrogativ-, Imperativ-, Optativ- und w-Exklamativsatz ist
doch erlaubt. Die MP *ja* kann in diesen Kontexten jedoch nicht auftreten, so dass auch in diesen Fällen die Kombination unzulässig ist.

(7) a. Wie hieß **doch/*ja/*ja doch** gleich dieser Ort?
b. Setz **doch/*ja/*ja doch** deine Sonnenbrille auf!
c. Hätte ich **doch/*ja/*ja doch** immer Urlaub!
d. Wie SCHÖN ist **doch/*ja/*ja doch** der Indian Summer in Vermont!

In Exklamativsätzen der Art in (8) liegt ein zu (6) und (7) gespie-
geltes Verhältnis vor. Die Partikel *ja* scheint in dieser Umgebung
akzeptabel, *doch* kann anders nicht gut auftreten, so dass auch die
Kombination nicht zulässig ist.

(8) DER hat **ja/*doch/*ja doch** einen Bart!   (Rinas 2006: 221/218)

Sowohl in (7) als auch in (8) ist die Kombination aus *ja* und *doch*
deshalb nicht möglich, weil die Schnittmenge der Satztypen, in denen *ja* beziehungsweise *doch* auftreten, leer ist. Die beiden Partikeln teilen keine Umgebung, wenn man w-Interrogativ-, Imperativ-,

Optativ- und w-Exklamativsätze betrachtet. Die beiden MPn können allerdings jeweils in Deklarativsätzen stehen.

(9) New York liegt **ja**/**doch**/**ja doch** auf dem gleichen Breitengrad wie Rom.

Da *ja* und *doch* mit dem Deklarativsatz einen Satztyp teilen, in dem sie auftreten können, stellt der Deklarativsatz folglich die Schnittmenge dar und das kombinierte Auftreten wird möglich. Die Distributionsverhältnisse von *ja*, *doch* und *ja doch* bestätigen somit Thurmairs Schnittmengenbedingung, die besagt, dass sich MPn nur in den Satztypen kombinieren lassen, in denen beide auch alleine auftreten können. Kombinationen sind ausgeschlossen, wenn im vorliegenden Satztyp entweder nicht alle oder sogar keine der an der Kombination beteiligten MPn stehen können. Weisen MPn gar keine gemeinsame Umgebung auf, führt ihre Kombination auch nie zu einer wohlgeformten Struktur.

Aufgabe 11: Leiten Sie über Thurmairs syntaktisch-distributionelle Schnittmengenbedingung die Inakzeptabilität der Sätze in (3) ab.

Aufgabe 12: Überprüfen Sie, ob es überhaupt Satztypen gibt, in denen die Zweierkombinationen aus (3) möglich sind.

Wir sehen an den oben durchgespielten Beispielen, dass Thurmairs Schnittmengenbedingung, die auf den Satztyp der MP-Äußerungen Bezug nimmt, es vermag, die akzeptablen und inakzeptablen Kombinationen abzuleiten. Sie beobachtet jedoch auch Fälle, in denen die Forderung nach einer syntaktischen Verträglichkeit nicht ausreicht. Für *auch* und *etwa* gilt beispielsweise, dass sie jeweils in E-Interrogativsätzen stehen können.

(10) a. Ist das Kleid **auch** durchsichtig?
     b. Ist das Kleid **etwa** durchsichtig?   (Thurmair 1991: 27)

Nach Thurmairs syntaktisch-distributioneller Schnittmengenbedingung sollten sich diese beiden MPn folglich auch in genau dieser Umgebung kombinieren lassen. Ihre Kombination ist aber dennoch ausgeschlossen. Weder die eine noch die andere Abfolge führt zu einem wohlgeformten Satz.

(11) *Ist das Kleid **etwa auch**/**auch etwa** durchsichtig?

In gewissem Sinne als Verschärfung der Satztypbedingung formuliert Thurmair deshalb eine **semantisch/pragmatische Schnittmengenbedingung**, die fordert, dass die kombinierten MPn auch aus Perspektive ihrer Bedeutung kompatibel sein müssen. Im Falle von *auch* und *etwa* greift diese Bedingung derart, dass E-Interrogativsätze mit *auch* und *etwa* nach Thurmair unterschiedliche Antworterwartungen mit sich bringen: Eine *auch*-Frage legt eine positive Antwort nahe, das heißt, die bevorzugte Antwort auf (10a) ist „Ja". Eine *etwa*-Frage wie (10b) bringt hingegen eine negative Erwartung mit sich, das heißt, die bevorzugte Antwort ist „Nein". Wenn die eine Partikel in E-Interrogativsätzen eine positive und die andere eine negative Reaktion erwartet, liegt auf dieser semantisch-pragmatischen Ebene eine Inkompatibilität vor. Es kann keine sinnvolle Frage geben, die sowohl eine positive als auch eine negative Antworterwartung aufweist. Wenn auch auf einer anderen als der Ebene des Satztyps (in beiden Fällen liegen schließlich E-Interrogativsätze vor), bleibt die Schnittmenge folglich leer.

Beide Bedingungen, die wir hier gesehen haben, dienen dem Zweck, zu erfassen, warum manche MPn (in manchen Umgebungen) prinzipiell nicht miteinander kombiniert werden können. Wir haben aber auch gesehen, dass sich nach Festlegung der erlaubten Kombinationen die weitere Frage anschließt, in welcher Reihenfolge die Partikeln auftreten.

9.2 Reihenfolgebeschränkung

Zur Beantwortung der Frage, wie sich erfassen lässt, dass die eine Abfolge im Gegensatz zur anderen in (12) jeweils akzeptabel ist, gibt es in der Forschung eine ganze Reihe von Überlegungen.

(12) a. Frag **doch ruhig/*ruhig doch**!
  b. Wir kennen uns **ja doch/*doch ja** so lange.
  c. Das kannst du **ja wohl/*wohl ja** morgen erledigen.
  d. Wen hat er **denn bloß/*bloß denn** damit gemeint?
  e. Weißt du **denn eigentlich/*eigentlich denn**, wo das ist?

Ein Vorschlag, der von verschiedenen Autoren verfolgt wurde, ist es, MPn in Gruppen zusammenzufassen und für die so entstehenden Klassen eine Ordnung festzulegen. Treten MPn aus verschiedenen dieser Gruppen kombiniert auf, folgt die Ordnung der MPn der Ordnung der Gruppen, denen sie angehören. (13) zeigt eine Version einer solchen Gruppierung und Ordnung aus Thurmair (1991: 31).

(13)

ja			wohl		auch		einfach
denn	>	halt	>	eigentlich	>	nur	>	ruhig
doch		eben		vielleicht		bloß		schon
aber						etwa		mal
1		2		3		4		5

Die Ordnungen, die in (14) auftreten, entsprechen den Abfolgen, die durch (13) vorhergesagt werden.

(14) a. Wo bleibt **denn** (1) **eigentlich** (3) **nur** (4) die Post heute?
b. Du hättest **ja** (1) **ruhig** (5) fragen können, ob ich mitkommen möchte.
c. Wir haben **halt** (2) **einfach** (5) das schönste Haus in der Straße.
d. Wenn sie dort arbeitet, wird sie **doch** (1) **wohl** (3) **schon** (5) etwas wissen.

Stellt man die Partikeln innerhalb der Sequenzen um, so dass sie den durch (13) vorgegebenen Reihenfolgen nicht mehr entsprechen, resultieren inakzeptable Strukturen.

(15) a. *Wo bleibt **eigentlich** (3) **nur** (4) **denn** (1) die Post heute?
b. *Du hättest **ruhig** (5) **ja** (1) fragen können, ob ich mitkommen möchte.
c. *Wir haben **einfach** (5) **halt** (2) das schönste Haus in der Straße.
d. *Wenn sie dort arbeitet, wird sie **schon** (5) **wohl** (3) **doch** (1) etwas wissen.

Eine Frage, die man sich zu Ansätzen dieser Art stellen kann, ist, wie die Klassenzuordnung motiviert ist. Soll der Ansatz nicht allein die Beobachtungen wiedergeben, teilen die einer Klasse zugeordneten MPn weitere Eigenschaften. Für die Klassen aus (13) gibt Thurmair (1991) eine solche Motivation für die gemeinsame Klassenzugehörigkeit mancher Partikeln an. Ihr zufolge teilen die MPn, die einer Gruppe angehören, jeweils die Wortartenzugehörigkeit ihrer Heteroseme. Für die MPn am linken Rand einer Kombination, das heißt die Partikeln in den Klassen 1/2, gilt, dass sie gleichlautende Formen bei den Konjunktionen (*aber*, *denn*, *doch*) und Antwortpartikeln (*ja*, *doch*, *eben*) aufweisen.

(16) Peter ist krank,
a. **aber/doch** er geht zur Kirmes.
b. **denn** er war seit Wochen nicht bei der Orchesterprobe.

(17) A: Peter kommt nicht mit heute Abend.
a. B: **Ja**. Er ist krank.
b. B: **Doch.** Er hat mich extra angerufen. Wir sollen auf ihn warten.
c. B: **Eben**. Deshalb können wir jetzt auch los.

Am Endrand einer MP-Sequenz stehen MPn, die Entsprechungen in der Klasse der Adverbien haben (*schon*, *mal*).

(18) a. Ich habe **schon** gegessen.
b. Ich war vor zwei Jahren **(ein)mal** in Paderborn, danach nicht wieder.

Vor diesen Partikeln stehen MPn mit Heterosemen bei Fokuspartikeln (*auch*, *nur*, *bloß*).

(19) Paul war **auch** in Kanada im Sommer, Klaus war **bloß/nur** in den USA.

In der Mitte einer Kombination treten MPn mit ihnen entsprechenden Formen in der Klasse der Satzadverbien auf (*eigentlich, vielleicht*).

(20) **Eigentlich/vielleicht** kommt heute keine Zeitung.

Thurmair (1991) formuliert mit den Klassen und ihren Ordnungen in (13) somit eine Generalisierung über die Reihenfolgebeschränkungen in MP-Kombinationen und motiviert dazu die Zuordnung der MPn zu den angenommenen Klassen über die gemeinsame Wortartzugehörigkeit ihrer Heteroseme. Ein solcher Ansatz liefert nun zwar (möglicherweise) eine korrekte Generalisierung über (in)akzeptable Abfolgen, warum die Wortarten Einfluss auf die Ordnung der MPn nehmen sollen, klärt sich allerdings nicht.

Andere Ansätze, die sich mit der Frage der Reihenfolge in MP-Kombinationen beschäftigen, basieren die Beschränkungen auf Aspekte der Interpretation und benennen dabei Bedeutungsaspekte, die Einfluss auf die MP-Abfolgen nehmen. Thurmair (1989: 288f.) macht hier einen Vorschlag. Sie formuliert die fünf Hypothesen in (21).

(21) **Fünf Hypothesen zur Abfolge von MPn**

H1	unspezifisch	> spezifisch
H2	Bezug auf momentane Äußerung	> qualitative Bewertung des Vorgängerbeitrags
H3	Flexibilität des Illokutionstyps	> Festlegung des Illokutionstyps
H4	Keine Modifizierung des Stärkegrades der Illokution	> Modifizierung des Stärkegrades der Illokution
H5	Keine besondere Beeinflussung des Gesprächspartners in seinem (nicht-)sprachlichen Handeln	> besondere Beeinflussung des Gesprächspartners in seinem (nicht-)sprachlichen Handeln

Um diese Hypothesen zu illustrieren, muss man in konkrete MP-Kombinationen schauen sowie in die Annahmen der Autorin zur Bedeutungsbeschreibung der jeweiligen MPn. Über H1 lässt sich z.B. erfassen, warum *denn* allen anderen MPn in einer Kombination vorangeht.

(22) Wer ruft **denn nur/*nur denn//denn eigentlich/*eigentlich denn** so spät noch an?

Thurmair nimmt an, dass *denn* anzeigt, dass die Frage im Vorgängerkontext motiviert ist.

(23) Was ist **denn** hier passiert? Hier riechts so komisch.

(Thurmair 1989: 166)

89

Dass *denn* eine sehr unspezifische Bedeutung aufweist, scheint somit plausibel. In kohärenter Kommunikation ist von Kontextanknüpfung, die ansonsten auch nicht besonders markiert wird, sowieso auszugehen. Anderen MPn, die in Fragesätzen auftreten, kommen spezifischere Funktionen zu, weil sie wie z.b. *nur* die Frage als *starke* Frage ausgeben.

(24) Falbala, nachdem Asterix und Obelix ihren Verlobten befreit haben:
      Danke! Danke! Wie soll ich euch **nur** danken?   (Thurmair 1989: 179)

Die Abfolge von *halt* und *sowieso* eignet sich dazu, H2 zu illustrieren. Zum Beitrag von *halt* gehört unter anderem, den mit der *halt*-Äußerung ausgedrückten Sachverhalt als plausibel anzuzeigen. In diesem Sinne bezieht *halt* sich auf die MP-Äußerung selbst.

(25) Wir sehen das **halt** verschieden.   (Thurmair 1989: 125)

Die Partikel *sowieso* hat unter anderem die Funktion, den Vorgängerbeitrag in seiner Relevanz einzuschränken und damit zu bewerten.

(26) Max: Das Bier war leider nicht im Kühlschrank.
      Rolf: Macht nichts ich hab **sowieso** nen empfindlichen Magen.
                                                (Thurmair 1989: 138)

Im Einklang mit H2 geht *halt sowieso* in der Kombination voran.

(27) Peter kommt **halt sowieso/*sowieso halt** nicht mit.

Unter H3 fällt z.B. die Stellung von *mal*, das auf alle MPn einer Kombination folgt.

(28) Mach **doch mal/*mal doch//halt mal/*mal halt** den Fernseher aus!

Diese Partikel kann nur in Sätzen auftreten, die als Aufforderungen zu interpretieren sind. Sie erfüllt hier die Funktion, den Aufforderungscharakter abzuschwächen. Eine derartige Festlegung auf den Illokutionstyp ist bei anderen MPn, die zusammen mit *mal* auftreten können, nicht festzustellen. Die MP *doch* z.B. kann in Aussagen, Wünschen, Aufforderungen, Fragen und Ausrufen stehen, *halt* in Aussagen und Aufforderungen. Im Einklang mit H3 gehen diese MPn *mal* in (28) folglich voran.

H4 lässt sich z.B. anhand der Abfolge in der Kombination aus *auch* und *JA* illustrieren.

(29) Vergiss **auch JA/??JA auch** nicht die Blumen zu gießen!

JA tritt in Imperativsätzen auf und verstärkt den Sprecherwillen so, dass die Aufforderungen als Warnung oder Drohung verstanden werden. Für *auch* ist in Aufforderungen anders nicht anzunehmen, dass es einen Beitrag zur Verstärkung/Abschwächung des Illokutionstyps leistet. Es folgt, dass *auch JA* vorangeht.

Oben haben wir gesehen, dass *denn* in Fragen einen sehr unspezifischen Beitrag leistet in dem Sinne, dass es keine spezielle Antworterwartung nahe legt. Genau dies trifft aber auf *etwa* beispielsweise zu. Es zeigt an, dass die bevorzugte Antwort „Nein." ist (siehe oben). Da *etwa* im Gegensatz zu *denn* eine Antworterwartung mit sich bringt, beeinflusst es den Gesprächspartner mehr und folgt (entsprechend H5) *denn* bei gemeinsamem Auftreten.

(30) Ist das Kleid **denn etwa**/*****etwa denn** durchsichtig?

Auf der Basis dieser fünf Hypothesen, die auf verschiedene Aspekte der Interpretation Bezug nehmen, formuliert Thurmair die übergeordnete These, dass die Partikel am rechten Rand einer MP-Sequenz die wichtigere sei. Für vier der fünf Hypothesen scheint dies auch plausibel: Am rechten Rand steht die spezifischere MP (H1), wird der Illokutionstyp festgelegt (H3), entscheidet sich die Stärke der Illokution (H4) und findet die Beeinflussung des Kommunikationspartners statt (H5).

Bei dem zuerst vorgestellten Ansatz blieb die Frage offen, wie sich die Wortartzugehörigkeit der MP-Entsprechungen auf die Abfolgen der MPn beziehen lassen. Der zweite Ansatz betrachtet genauer die interpretatorischen Eigenschaften der Partikeln, die eine Rolle zu spielen scheinen und formuliert mit der Relevanz des rechten Randes eine übergeordnete Annahme, die sich in den Hypothesen konkreter ausbuchstabiert. Thurmairs (1989) fünf Hypothesen lassen sich dabei als Katalog von Bedingungen auffassen. Folgeansätze, die ebenfalls die Interpretation für die Abfolgen verantwortlich machen, bemühen sich um die Formulierung allgemeinerer Bedingungen. Einen solchen Ansatz legt beispielsweise Rinas (2007) vor. Er postuliert entlang einer einzigen Hypothese einen direkten Zusammenhang zwischen der Abfolge von MPn in Kombinationen und ihrer Interpretation in Form der vorliegenden **Skopusverhältnisse**.

Rinas nimmt an, dass ein Sprecher durch die Verwendung von MPn beim Hörer gewisse Einstellungen oder Kenntnisse **präsupponiert** (das heißt voraussetzt) (im Folgenden angezeigt durch >>). Für *ja* gilt ihm zufolge, dass seine Verwendung voraussetzt, dass der Sprecher den ausgedrückten Sachverhalt für geteiltes Wissen zwischen Sprecher und Hörer hält.

(31) Maxwell Sheffield ist **ja** ein viel beschäftigter Broadway-Produzent.

Rinas drückt dies so aus, dass der Hörer nicht den gegenteiligen Sachverhalt (das heißt die negierte Proposition) glaubt.

(32) JA(p) >> NICHT-GLAUBT(H, NICHT-p)   (Rinas 2007: 420)

Seine Bedeutungsmodellierung für *auch* findet sich in (33).

(33) AUCH(p) >> NICHT-ÜBERRASCHEND(q) WEIL(p)
                                                   (Rinas 2007: 425)

(34) A: Fran Fine kümmert sich sehr um die Kinder.
      B: Sie ist **auch** das Kindermädchen.

Durch die Verwendung von *auch* zeigt der Sprecher an, dass ein zuvor ausgedrückter Sachverhalt (Fran kümmert sich sehr um die Kinder [= q]) für ihn erwartbar war. Der Sachverhalt der *auch*-Äußerung (sie ist das Kindermädchen [= p]) ist die Erklärung/Begründung dafür. Das heißt, weil p gilt, ist q nicht überraschend.

Eine Annahme, die für Rinas' Abfolgebeschränkung entscheidend ist, ist, dass jede MP einen bestimmten Bezugsbereich hat. Mit anderen Worten nehmen die beiden Partikeln jeweils **Skopus** über die jeweiligen Propositionen. In (31) (JA(p)) bezieht sich *ja* auf den Sachverhalt, dass Maxwell Sheffield ein viel beschäftigter Broadway-Produzent ist. Genauso fällt in (34) (AUCH(p)) die Proposition, dass Fran Fine das Kindermädchen ist, in den Bezugsbereich von *auch*. Es stellt sich nun die Frage, wie die Bezugsbereiche verlaufen, wenn in einem Satz zwei MPn auftreten.

(35) A: Das Menü war ausgezeichnet!
      B: Es war **ja auch** das teuerste Essen auf der Speisekarte.
                                                   (Rinas 2007: 424)

Die zwei Möglichkeiten sind a) beide MPn haben den gleichen Skopus, das heißt, beziehen sich beide auf die gleiche Proposition und b) die eine MP nimmt die andere MP in ihren Skopus, das heißt, die eine MP bezieht sich auf die schon durch die andere MP modifizierte Proposition.

(36) a. gleicher Skopus   b. verschiedener Skopus
      a.1 JA(p) & AUCH(p)   b.1 JA(AUCH(p))
      a.2 AUCH(p) & JA(p)   b.2 AUCH(JA(p))

Rinas nimmt an, dass die Bedeutung der MP-Kombination in (35) durch die Paraphrase in (37) erfasst wird.

(37) Es ist bekannt, dass die Begründung für das gute Essen die Tatsache ist, dass das Essen das teuerste auf der Karte ist.

Das heißt, der Begründungszusammenhang zwischen der Qualität des Essens und seinem Preis wird als bekannt ausgezeichnet. Diese

Interpretation entspricht dem Skopusverhältnis JA(AUCH(p)) in (36b.1). Das *ja* bezieht sich auf die schon durch *auch* modifizierte Proposition. Die Kombination *ja auch* weist unter Anwendung von Rinas' Modellierung der Einzelbedeutungen die Bedeutung in (38) auf.

(38)   JA(AUCH(p) >> NICHT-ÜBERRASCHEND(q) WEIL(p))   >>

ja (auch(p)   )

NICHT-GLAUBT(H, NICHT(AUCH(p) >> NICHT-ÜBERRASCHEND(q) WEIL(p)))

auch(p)

ja

Man gelangt zu dieser komplexen Bedeutungszuschreibung, indem man da, wo in (32) p auftritt, nun AUCH(p) >> NICHT-ÜBER-RASCHEND(q) weil (p) einsetzt.

Rinas muss (wenn er diese Interpretation für die einzig angemessene hält) annehmen, dass alle Alternativen aus (36) die Bedeutung von (35) nicht zu erfassen vermögen.

Seine generelle Idee ist es folglich, aus der Interpretation der Kombinationen ihre Abfolge abzuleiten. Weil die MPn interpretatorisch asymmetrisch aufeinander bezogen werden, nehmen sie auch genau diese Abfolge im Satz ein [ja(auch(p))]. Die Umkehr der Abfolge hin zu *auch ja* wird seiner Ansicht nach ausgeschlossen, weil diese nicht die Skopusinterpretation ja(auch(p)) widerspiegele. Seine Analyse weitet er auf eine große Anzahl von MP-Kombinationen aus. Er schlägt damit eine generellere Abfolgebeschränkung vor, als sie durch Thurmairs (1989) fünf Hypothesen formuliert wird. Seine Vorhersage ist, dass prinzipiell von einem Skopusverhältnis zwischen den MPn auszugehen ist, wobei die rechte MP einer Sequenz in den Skopus der linken fällt. Beiden Ansätzen ist allerdings gemein, dass sie die Interpretation der Einzelpartikeln und ihr Verhältnis zueinander untersuchen, um für die Abfolgebeschränkungen aufzukommen.

Grundbegriffe: syntaktisch-distributionelle/semantisch-pragmatische Schnittmengenbedingung, Illokutionstyp, Skopus(verhältnis)

Weiterführende Literatur: Mit den Reihenfolgebeschränkungen beschäftigen sich z.B. ebenfalls Doherty (1985, 1987), de Vriendt et al. (1991) [zum Niederländischen], Vismans (1994) [zum Niederländischen], Abraham (1995), Ormelius-Sandblom (1997) sowie Müller (2014).

Literatur

Abney, Steven (1987): The English Noun Phrase and its Sentential Aspect. PhD Thesis, MIT, Cambridge, Massachusetts.

Abraham, Werner (1991): The grammaticalization of the German modal particles. In: Elizabeth Closs Traugott/Bernd Heine (Hgg.): Grammaticalization. Bd. 2. Amsterdam: J. Benjamins: 331-380.

Abraham, Werner (1995): Wieso stehen nicht alle Modalpartikel in allen Satzformen? In: Deutsche Sprache 23/2. 124-146.

Autenrieth, Tanja (2002): Heterosemie und Grammatikalisierung bei Modalpartikeln: Eine synchrone und diachrone Studie anhand von *eben*, *halt*, *e(cher)t*, *einfach*, *schlicht* und *glatt*. Tübingen: Niemeyer.

Averintseva-Klisch, Maria (2013): Textkohärenz. Heidelberg: Winter. (= Kurze Einführungen in die germanistische Linguistik 14)

Blume, Herbert (1988): Die Partikel *man* im norddeutschen Hochdeutschen und im Niederdeutschen. In: Zeitschrift für Germanistische Linguistik 16. 168-182.

Brandt, Margareta/Marga Reis/Inger Rosengren/Ilse Zimmermann (1992): Satztyp, Satzmodus und Illokution. In: Inger Rosengren (Hg.): Satztyp, Satzmodus und Illokution. Tübingen: Niemeyer. 1-90.

Brinker, Klaus (1992): Textlinguistik. Heidelberg: Groos.

Bublitz, Wolfram (1978): Ausdrucksweisen der Sprechereinstellung im Deutschen und Englischen. Tübingen: Niemeyer. (= Linguistische Arbeiten 57)

Büring, Daniel (2006): Intonation und Informationsstruktur. In: Hardarik Blühdorn/Eva Breindl/Ulrich H. Waßner (Hgg.): Text – Verstehen. Grammatik und darüber hinaus. Berlin: de Gruyter. 144-163.

Burkhardt, Armin (1995): Zur Übersetzbarkeit von Abtönungspartikeln. Am Beispiel von Hofmannsthals Der Schwierige. In: Zeitschrift für germanistische Linguistik 23. 172-201.

Burkhardt, Armin (2001): Abtönungspartikeln im Deutschen und ihre lexikographische Beschreibung im ‚neuen Paul'. In: Energeia 26/1. 42-71.

Chomsky, Noam (1992): A Minimalist Program for Linguistic Theory. In: MIT Working Papers in Linguistics. (= MIT Occasional Papers in Linguistics 1.)

Cinque, Guglielmo (1999): Adverbs and Functional Heads. A Cross-linguistic Perspective. New York: Oxford University Press.

Coniglio, Marco (2007): Deutsche Modalpartikeln: ein Vorschlag zu ihrer syntaktischen Analyse: In: Eva-Maria Thüne/Franca Ortu (Hgg.): Gesprochene Sprache und Partikeln. Frankfurt: Peter Lang. 103-113.

Coniglio, Marco (2011): Die Syntax der deutschen Modalpartikeln: Ihre Distribution und Lizenzierung in Haupt- und Nebensätzen. Berlin. Akademie-Verlag. [= Studia grammatica 73]

d'Avis, Franz (2013): Exklamativsatz. In: Jörg Meibauer/Markus Steinbach/Hans Altmann (Hgg.): Satztypen des Deutschen. Berlin: de Gruyter. 171-201.

Dahl, Johannes (1985): Die Abtönungspartikeln im Deutschen. Ausdrucksmittel für Sprechereinstellungen mit einem kontrastiven Teil deutsch-serbokroatisch. Heidelberg: Groos.

de Vriendt, Sera/Willy Vandeweghe/Piet van de Craen (1991): Combinatorial aspects of modal particles in Dutch. In: Multilingua 10.1/2 43-59.

Diewald, Gabriele (1997): Grammatikalisierung. Eine Einführung in Sein und Werden grammatischer Formen. Tübingen: Niemeyer.

Diewald, Gabriele (2006): Discourse particles and modal particles as grammatical elements. In: Kerstin Fischer (Hg.): Approaches to Discourse Particles. Amsterdam: Elsevier. 403-425.

Diewald, Gabriele (2007): Abtönungspartikel. In: Ludger Hoffmann (Hg.): Handbuch der deutschen Wortarten. Berlin: de Gruyter. 117-142.

Dittmar, Norbert (2000): Sozialer Umbruch und Sprachwandel am Beispiel der Modalpartikeln *halt* und *eben* in der Berliner Kommunikationsgemeinschaft nach der ‚Wende'". In: Peter Auer/Heiko Hausendorff (Hgg.): Kommunikation in gesellschaftlichen Umbruchsituationen. Mikroanalytische Arbeiten zum sprachlichen und gesellschaftlichen Wandel in den Neuen Bundesländern. Tübingen: Niemeyer. 199-234

Doherty, Monika (1985): Epistemische Bedeutung. Berlin: Akademie Verlag.

Doherty, Monika (1987): Epistemic Meaning. Berlin: Springer.

Eichhoff, Jürgen (1978): Wortatlas der deutschen Umgangssprachen Bd. 2. Bern: Francke.

Elspass, Stephan (2005): Zum Wandel im Gebrauch regionalsprachlicher Lexik. Ergebnisse einer Neuerhebung. In: Zeitschrift für Dialektologie und Linguistik 72. 1-51.

Franck, Dorothea (1980): Grammatik und Konversation. Königstein, Ts.: Scriptor.

Glück, Helmut (2000): Metzler Lexikon Sprache. Stuttgart/Weimar: J.B. Metzler.

Grosz, Patrick (2013): Optativsatz. In: Jörg Meibauer/Markus Steinbach/Hans Altmann (Hgg.): Satztypen des Deutschen. Berlin: de Gruyter. 146-170.

Heinrichs, Werner (1981): Die Modalpartikeln im Deutschen und Schwedischen. Eine kontrastive Analyse. Tübingen: Niemeyer. (= Linguistische Arbeiten 101)

Helbig, Gerhard/Werner Kötz (1981): Die Partikeln. Leipzig: Verlag Enzyklopädie.

Helbig, Gerhard (1990): Lexikon deutscher Partikeln. Leipzig: Verlag Enzyklopädie.

Hentschel, Elke (1986): Funktion und Geschichte deutscher Partikeln. *Ja, doch, halt* und *eben*. Tübingen: Niemeyer.

Hoffmann, Ludger (1994): Juristische Kommunikation: eine Verhandlung vor dem Amtsgericht. In: Konrad Ehlich/Angelika Redder (Hgg.): Gesprochene Sprache. Transkripte und Tondokumente. Tübingen 1994: Niemeyer. 19-91.

Ickler, Theodor (1994): Zur Bedeutung der sogenannten Modalpartikeln. In: Sprachwissenschaft 19. 374-404.

Imo, Wolfgang (2008): Individuelle Konstrukte oder Vorboten einer neuen Konstruktion? Anatol Stellungsvarianten der Modalpartikel *halt* im Vor- und Nachfeld. In: Stefanowitsch/Kerstin Fischer (Hgg.): Konstruktionsgrammatik II: Von der Konstruktion zur Grammatik. Tübingen: Stauffenburg. 135-156.

Jacobs, Joachim (1991): On the semantics of modal particles. In: Werner Abraham (Hg.): Discourse Particles. Descriptive and Theoretical Investigations on the Logical, Syntactic and Pragmatic Properties of Discourse Particles in German. Amsterdam & Philadelphia: Benjamins. 141-162.

Jungen, Oliver/Horst Lohnstein (2006): Einführung in die Grammatiktheorie. München: Wilhelm Fink.

Karagjosova, Elena (2004): The Meaning and Function of German Modal Particles. Saarbrücken Dissertations in Computational Linguistics and Language Technology.

Klotz, Peter (2003): Höflichkeitsaspekte der Partikel *fei(n)* und *vielleicht*. In: Gudrun Held (Hg.): Partikeln und Höflichkeit. Frankfurt: Peter Lang. 121-130.

König, Ekkehard (1997): Zur Bedeutung von Modalpartikeln im Deutschen: Ein Neuansatz im Rahmen der Relevanztheorie. In: Zeitschrift für Germanistische Linguistik 136. 57-75.

Krivonosov, Aleksej (1977): Deutsche Modalpartikeln im System der unflektierten Wortklassen. In: Harald Weydt (Hg.): Aspekte der Modalpartikeln. Studien zur deutschen Abtönung. Tübingen: Niemeyer. 176-216.

Krummes, Cedric (2009): Modal Particles and Discourse Markers in Luxembourgish Emails, Plays, and Filmscripts: a corpus-based approach. Dissertation. Universität Sheffield.

Kwon, Min-Jae (2005): Modalpartikeln und Satzmodus. Untersuchungen zur Syntax, Semantik und Pragmatik der deutschen Modalpartikeln. Dissertation, München.

Lehmann, Christian (1995): Synsemantika. In: Jacobs, Joachim et. al. (Hgg.): Syntax. Ein internationales Handbuch der zeitgenössischen Forschung. New York: de Gruyter. 1251-1265.

Lenerz, Jürgen (1993): Zu Syntax und Semantik deutscher Personalpronomina. In: Marga Reis (Hg.): Wortstellung und Informationsstruktur. Tübingen: Niemeyer. 117-153.

Lerner, Jean-Yves (1987): Bedeutung und Struktursensitivität der Modalpartikel *doch*. In: Linguistische Berichte 109. 203-229.

Lichtenberk, Frantisek (1991): Semantic Change and Heterosemy in Grammaticalization. In: Language 67. 475-509.

Löbner, Sebastian (2003): Semantik. Eine Einführung. Berlin: de Gruyter.

Meibauer, Jörg (1994): Modaler Kontrast und konzeptuelle Verschiebung. Studien zur Syntax und Semantik deutscher Modalpartikeln. Tübingen: Niemeyer.

Meibauer, Jörg (2001): Pragmatik. Tübingen: Stauffenburg.

Meibauer, Jörg et al. (2002): Einführung in die germanistische Linguistik. Stuttgart: Verlag J.B. Metzler.

Meibauer, Jörg/Markus Steinbach/Hans Altmann (Hgg.) (2013): Satztypen des Deutschen. Berlin: de Gruyter.

Molnár, Anna (2002): Die Grammatikalisierung deutscher Modalpartikeln. Fallstudien. Frankfurt am Main: Peter Lang. (= Metalinguistica 12)

Moroni, Manuela Caterina (2010): Modalpartikeln zwischen Syntax, Prosodie und Informationsstruktur. Frankfurt: Peter Lang.

Müller, Sonja (2014): Zur Anordnung der Modalpartikeln *ja* und *doch*: (In)stabile Kontexte und (non)kanonische Assertionen. In: Linguistische Berichte 238. 165-208.

Näf, Anton (2006): Satzarten unterscheiden – Kann das der Computer? Syntaktische Explorationen anhand von COSMAS II. In: Linguistik Online 28/3. 85-107.

Näf, Anton (1996): Die w-Exklamativsätze im Deutschen – zugleich ein Plädoyer für eine Rehabilitierung der Empirie in der Sprachwissenschaft. In: Zeitschrift für germanistische Linuistik 24, 135-152.

Nevis, Joel (2000): Clitics. In: Geert Booij/Christian Lehmann/Joachim Mugdan (Hgg.): Morphology: An International Handbook on Inflection and Word-formation. Berlin: de Gruyter. 388-404.

Nübling, Damaris (1992): Klitika im Deutschen. Schriftsprache, Umgangssprache, alemannische Dialekte. Tübingen: Narr.

Ormelius, Elisabet (1993): Die Modalpartikel *schon*. In: Inger Rosengren (Hg.): Satz und Illokution. Tübingen: Niemeyer. 151-191. (= Linguistische Arbeiten 279)

Ormelius-Sandblom, Elisabet (1997): Die Modalpartikeln *ja*, *doch* und *schon*. Zur ihrer Syntax, Semantik und Pragmatik. Stockholm: Almqvist & Wiksell International.

Pasch, Renate (1999): Der subordinierende Konnektor *wo*: kausal und konzessiv? In: Renate Freudenberg-Findeisen (Hg.): Ausdrucksgrammatik versus Inhaltsgrammatik. Linguistische und didaktische Aspekte der Grammatik. München: IUDICIUM Verlag. 139-154.

Scholz, Ulrike (1991): Wunschsätze im Deutschen – formale und funktionale Beschreibung. Tübingen: Niemeyer. (= Linguistische Arbeiten 265)

Pittner, Karin (2009): *Wieder* als Modalpartikel. In: Zeitschrift für Germanistische Linguistik 37/2. 296-314.

Pollock, Jean-Yves (1991): Notes on Clause Structure. Ms. Universität Picardie, Amiens.

Posner, Roland (1979): Bedeutungsmaximalismus und Bedeutungsminimalismus in der Beschreibung von Satzverknüpfern. In: Harald Weydt (Hg.): Die Partikeln der deutschen Sprache. Berlin: de Gruyter. 378-394.

Rinas, Karsten (2006): Die Abtönungspartikeln *doch* und *ja*. Semantik, Idiomatisierung, Kombinationen, tschechische Äquivalente. Frankfurt am Main: Peter Lang.

Rinas, Karsten (2007): Abtönungspartikel-Kombinationen und Skopus. In: Sprachwissenschaft 32/4. 407-452.

Rosengren, Inger (1992): Zur Grammatik und Pragmatik der Exklamation. In: Inger Rosengren (Hg.): Satztyp, Satzmodus und Illokution. Tübingen: Niemeyer. 263-307.

Rosengren, Inger (1997): Expressive Sentence Types – A Contradiction in Terms. The Case of Exclamation. In: Toril Swan/Olaf Jansen Westvik (Hgg.): Modality in Germanic Languages. Berlin: de Gruyter. 153-183.

Rudolph, Elisabeth (1991): Relationships Between Particle Occurrence and Texttype. In: Multilingua 10.1/2. 203-223.

Schubiger, Maria (1972): English Intonation and German Modal Particles: A Comparative Study. In: Dwight Bolinger (Hg.): Intonation. Harmondsworth: Penguin. 175-193.

Struckmeier, Volker (2014): *Ja doch wohl* C? Modal particles in German as C-related elements. In: Studia Linguistica 68/1. 16-48.

Thurmair, Maria (1989): Modalpartikeln und ihre Kombinationen. Tübingen: Niemeyer.

Thurmair, Maria (1991): *Kombinieren Sie doch nur ruhig auch mal Modalpartikeln!* Combinatorial regularities for modal particles and their use as an instrument of analysis. In: Multilingua 10.1/2, 19-42.

Thurmair, Maria (1993): Äußerungsform oder Äußerungsfunktion? Zu den Bedingungen für das Auftreten von Modalpartikeln. In: Deutsche Sprache 21. 22-43.

Thurmair, Maria (2013): Satztyp und Modalpartikeln. In: Jörg Meibauer/ Markus Steinbach/ Hans Altmann (Hgg.): Satztypen des Deutschen. Berlin: de Gruyter. 627-651.

Vismans, Roel (1994): Modal Particles in Dutch Directives: A Study in Functional Grammar. Amsterdam: IFOTT.

Waltereit, Richard (1999): Abtönung als universalpragmatisches Phänomen. In: Hans-Otto Spillner/Ingo Warnke (Hgg.): Internationale Tendenzen der Syntaktik, Semantik und Pragmatik. Akten des 32. Linguistischen Kolloquiums in Kassel 1997. Frankfurt: Lang. 523-530.

Waltereit, Richard (2001): Modal particles and their functional equivalents: A speech-act-theoretic approach. In: Journal of Pragmatics 33. 1391-1417.

Waltereit, Richard (2006): Abtönung. Zur Pragmatik und historischen Semantik von Modalpartikeln und ihren funktionalen Äquivalenten in romanischen Sprachen. Tübingen: Niemeyer.

Weydt, Harald (1969): Abtönungspartikel. Die deutschen Modalwörter und ihre französischen Entsprechungen. Bad Homburg v.d.H: Gehlen. (= Linguistica et litteraria 4)

Wezel, Johan Carl (1781): Ueber Sprache, Wissenschaften und Geschmack der Teutschen. Leipzig [wiederabgedruckt in: Johann Carl Wezel: Kritische Schriften. Im Faksimiledruck herausgegeben und mit einem Nachwort versehen von Albert R. Schmitt. Bd. 3. Stuttgart 1975. 53-396.

Wöllstein, Angelika (2010): Topologisches Satzmodell. Heidelberg: Winter. (= Kurze Einführungen in die germanistische Linguistik 8)

Zifonun, Gisela/Ludger Hoffmann/Bruno Strecker/Joachim Ballweg (1997): Grammatik der deutschen Sprache. Band 1-3. Berlin: de Gruyter.

Zimmermann, Malte (2004): Zum *Wohl*: Diskurspartikeln als Satztypmodifikatoren. In: Linguistische Berichte 199. 253-286.

Beispieltexte

Valentin, Karl (1961): Gesammelte Werke. München: Piper. Bd. I.

Korpora/Tools

Deutsches Referenzkorpus (DeReKo):
https://cosmas2.ids-mannheim.de/cosmas2-web/

Datenbank für gesprochenes Deutsch (DGD2):
http://dgd.ids-mannheim.de:8080/dgd/ pragdb.dgd_extern.sys_desc

Corpora from the Web ((DE)COW):
http://hpsg.fu-berlin.de/cow/

Glossar

Assertion: Sprachliche Handlung, bei der der Sprecher anzeigt, dass er die ausgedrückte Proposition für wahr hält (z.b. Feststellung, Behauptung, Hypothese)

Autosemantika: Wortarten, die lexikalische Bedeutung aufweisen (wie Nomen, Verben, Adjektive)

Bedeutungsmaximalismus: Position, die jeder Verwendungsvariante einer MP eine eigene Bedeutung zuschreibt

Bedeutungsminimalismus: Position, die verschiedene Verwendungsvarianten einer MP als Instanzen einer Grundbedeutung auffasst

Cinque-Hierarchie: Lineare bzw. hierarchische Ordnung verschiedener Klassen von Adverbien

Fokus-Hintergrund-Gliederung: Informationsstrukturelle Gliederung in Hervorgehobenes (= Fokus) und Nicht-Hervorgehobenes (= Hintergrund)

Fokusexponent: akzenttragende Silbe eines Fokusbereichs

Fokusprojektion: Vom Fokusexponenten ausgehende Ausweitung des Fokus auf größere Teile des Satzes

Homonymie: unsystematische Mehrdeutigkeit von Wörtern

Illokution: Funktionale Beschreibung von Sätzen/Äußerungen entlang ihres sprachlichen Handlungstyps (Feststellung, Frage, Bitte etc.)

Informationsstruktur: Strukturierung des Satzes mit dem Ziel, die Information bestmöglich auf die kommunikativen Bedürfnisse der Gesprächsteilnehmer auszurichten

Klitikon: unbetontes, nicht koordinier- und modifizierbares sprachliches Element, das nur in Verschmelzung mit einem anderen Wort (seinem Wirt) auftreten kann; nimmt Status zwischen Wort und Affix ein

Kohäsionsmittel: Sprachliche Mittel, die inhaltlichen Textzusammenhalt explizit kodieren (z.b. Pronomen, Konjunktionen, Tempus)

Matrixprädikat: Hauptsatzverb, dessen Argument ein Nebensatz ist

Mittelfeld: im Topologischen Feldermodell Feld zwischen der linken und rechten Satzklammer, in dem die Wortstellung im Deutschen freier ist als innerhalb der anderen Felder, aber dennoch Beschränkungen unterliegt

Polysemie: systematische Mehrdeutigkeit von Wörtern

Satztyp: Formale Beschreibung von Sätzen/Äußerungen entlang grammatischer und prosodischer Eigenschaften (wie Verbstellung, Verbmodus, Intonation, Akzent)

Skopus: Bezugs-/Wirkungsbereich von z.b. MPn, Negation, quantifizierenden Ausdrücken (_alle Kinder_)

Sprechereinstellung: Ausdruck von Emotionen, Annahmen, Erwartungen eines Sprechers zum Sachverhalt durch sprachliche Mittel (z.B. Modalverben, Satzadverbien, MPn)

Synsemantika: Wortarten, die keine lexikalische Bedeutung aufweisen (wie Artikel, Konjunktionen, MPn)

Thema-Rhema-Gliederung: Strukturierung eines Satzes in bekannte, alte, vorgegebene Information (= Thema) und neue, nicht vorerwähnte Information (= Rhema)

Wackernagelposition: Position im linken Mittelfeld, in der unbetonte Pronomen stehen

Sachregister